또 하나의
돈황

MOUHITOTSU NO TONKOU by Sekio Shiro
Copyright ⓒ 2011 by Sekio Shiro All rights reserved.
Originally published in Japan, by Koshishoin, Tokyo.
Korean language edition published in 2015 by the Institute of Japanese Studies,
Hallym University, Chuncheon.

또 하나의 돈황
진묘병과 화상전의 세계

초판인쇄 2015년 10월 23일
초판발행 2015년 10월 23일

지은이 세키오 시로(關尾史郎)
옮긴이 최재영(崔宰榮)
펴낸이 채종준
기획 한림대학교 일본학연구소
편집 백혜림
디자인 조은아

펴낸곳 한국학술정보(주)
주소 경기도 파주시 회동길 230(문발동)
전화 031) 908-3181(대표)
팩스 031) 908-3189
홈페이지 http://ebook.kstudy.com
E-mail 출판사업부 publish@kstudy.com
등록 제일산-115호(2000.6.19)

ISBN 978-89-268-7060-0 03910

이 도서는 한림대학교 일본학연구소 발전기금으로 출판됨.

한림대학교 일본학연구소
아시아를 생각하는 시리즈③

또 하나의 돈황

／ **세키오 시로**(關尾史郎) 지음
／ **최재영**(崔宰榮) 옮김

진묘병과 화상전의 세계

이담
Books

『또 하나의 돈황』한국어판에 부쳐

　이번에 외우(畏友) 최재영 선생님의 노력으로 졸저『또 하나의 돈황─진묘병과 화상전의 세계』를 한국의 독자 여러분께 선보일 수 있게 되었습니다. 이 기회를 빌려 저자인 제가 어떠한 생각을 이 자그마한 책에 담았는지를 전하고자 합니다.

　중국 감숙성의 서쪽 끝에 위치한 돈황과 그 주변에는 잘 아시는 바와 같이 막고굴을 비롯하여 석굴사원이 많이 점재하고 있습니다. 그중에서도 유네스코 세계문화유산에 등재된 막고굴은, 조상과 벽화가 있는 500개 가까운 크고 작은 석굴로 이루어져 있습니다. 저 같은 역사연구자에게는 제17굴에서 발견된 이른바 돈황문헌도 놓칠 수 없는 귀중한 1차 사료입니다. 그러나 이 책에서 다룬 것은 돈황문헌도, 조상이나 벽화도 아닙니다. 부제에 적혀 있는 대로 진묘병과 화상전으로 투루판문서(중국 신강 위구르자치구 투루판시 교외에 있는 고묘군에서 출토된 1차 사료)와 함께 돈황문헌을 보조하는 조연자로서 등장했습니다.

그런데 진묘병과 화상전이 막고굴 같은 석굴사원에서만 발견된 것은 아닙니다. 진묘병은 그 명칭에서 알 수 있듯이 무덤 안에서 출토된 것입니다. 돈황을 여행하신 분은 돈황공항에서 시가지로 향하는 길에 차창을 통해 원추형의 마운드가 고비탄(고비사막 가운데 자갈이 섞여 있는 평탄한 황무지)의 여기저기에 점재한 모습을 보셨을 것입니다. 혹 너무나도 살벌한 풍경 때문에 기억에서 사라져버렸을 수도 있습니다. 실제 이 원추형의 마운드 하나하나가 무덤입니다. 색채가 선명하고 손상이 적은 것은 최근에 조영된 것입니다. 돈황공항은 시의 동쪽에 있는데 시에서 공항으로 향하는 것과는 반대 방향인 서쪽으로 차를 몰아도 눈에 들어오는 광경은 거의 변함이 없습니다. 즉 돈황의 시가지 주변은 묘지로 둘러싸여 있다고 해도 과언이 아닙니다. 너무나도 건조한 이 지역에서는 하천을 둘러싸듯이 생활공간이 입지하고 그 주위에는 생활활동 장소인 경작지가 펼쳐져 있으며 그 외연에는 사후의 공간이라고 할 수 있는 묘지가 조영되어 있습니다. 막고굴 등 석굴사원은 고비탄이 끝나는 경사지에 조영되어 있습니다.

돈황을 포함한 감숙성의 서부(황하의 서쪽에 위치하고 있기 때문에 하서라고 총칭합니다)가 중국세계에 편입된 때는 전한 무제의 치세기간인 기원전 2세기 후기입니다. 이 시대에는 무위, 장액, 주천 그리고 돈황이라는 4개의 군(하서 4군이라고 합니다)이 차례차례 이 지역에 신설되었고 내지로부터 보내온 형도나 빈민들에 의해 개발이 진행되었습니다. 이후 하서 4군은 서역을 오가는 교통로인 실크로드의 요충지이자 유목민의 침공을 저지하는 방위거점으로서 한대 내내 중요한 역할을 하였습니다. 그 상세한 모습은 돈황을 비롯한 하서 각지에서 출토된 목간을 통해 분명해졌습니다. 그리고 당대부터 오대를 거쳐 송나라 초에 이르는 시기의 돈황 상황은 돈황문헌이 남김없이 전해주고 있습니다. 이 시대에 돈황은 중국왕조의 지배를 벗어나 티베트계인 토번의 세력권에 들어가거나 귀의군(歸義軍)절도사가 이곳에서 자립하였습니다. 이러한 정치적 변동도 포함하여 이런 사실을 해명하는 데 돈황문헌은 빠트릴 수 없는 사료입니다.

그러나 한대와 당대 사이인 위진남북조시대(220~589)는 어떠할까요? 유감스럽게도 목간이나 돈황문헌 같은 사료는 거의 없습니다. 하지만 위진남북조시대야말로 돈황을 비롯하여 하서지역이 역사상 가장 광채를 발한 시대였습니다. 그중에서도 오호십육국시대(304~439)에는 하서지역에 많은 정권이 흥망을 거듭했습니다. 그 하나인 서량(400~421)은 짧지만 돈황을 수도로 삼은 정권입니다. 또한 막고굴이 처음으로 개착된 것도 전승에 의하면 4세기 후기, 즉 오호십육국시대에 벌어진 일입니다. 이렇게만 쓰더라도 위진남북조라는 시대가 돈황의 역사에서 얼마나 중요한지를 알 듯합니다. 여기에서 제가 주목한 것이 바로 진묘병과 화상전이었습니다.

본문에서도 설명하였지만 진묘병이란 죽은 사람의 안녕을 기원하는 글이 쓰인, 10cm도 안 되는 작은 병이나 그릇으로 무덤 안의 시신 근처에 놓여 있었습니다. 또한 화상전이란 그림이 그려진 벽돌로 묘실의 입구인 묘문 위나 묘실의 벽면에 쌓여 있었습니다. 확실히 진묘병이나 화상전 모두 묘에 매장된 특정 인물을 위해 제작된 것이기 때문에 목간이나 돈황문헌과는 달리 그 분석을 통해 명확히 알 수 있는 바가 많지 않습니다. 게다가 위진남북조시대 내내 제작된 것이 아니라 3세기 후기부터 5세기 초기까지 백수십 년 동안만 제작되었습니다. 그러나 양자를 거듭 검토해보면 당시 돈황에서 생활했던 사람들의 생사관을 알 수 있을 것 같은 생각이 들었습니다. 역사연구자로서 목간과 돈황문헌에 적지 않은 관심을 지니고 분석을 진행해 온 저에게 진묘병과 화상전은 거의 미지의 사료라고 할 수 있었고 고고학이나 미술사에 대한 소양이 부족하다는 결점도 있었습니다. 이러한 경력을 고려하지 않은 채 도전한 것이 이 책입니다. 이 시도의 성패 여부에 대해서는 이 책을 읽으신 뒤에 판단해 주시기를 바라며 여기에서는 하서지역에 대해 좀 더 언급하고자 합니다.

진묘병과 화상전은 모두 한대에 장안과 낙양을 중심으로 보급되었습니다. 이것이 하서지역에도 등장하게 된 것은 3세기 이후라고 여겨집니다. 그러나 하서의 모든 지역에 두루 보급된 것은 아닙니다. 현재까지 진묘병이 각지에서 조금씩 발견되지만 몇백 점이 발견된 곳은 돈황뿐입니다. 이것은 중국 전체에서도 보기 드문 예입니다. 한편 화상전은 무위나 장액 등 하서지역의 동부에 있는 묘에서는 발견되지 않고 있습니다. 돈황과 인접한 주천에서만 집중적으로 발견되었습니다. 이것은 중국 내지에서 전파한 경로가 중앙에서 주변으로 향하는 것과 같은 단순한 경로가 아니라는 것을 시사합니다. 더욱 중요한 점은 주천과 돈황에서 발견된 도상의 모티브가 매우 다르다는 것입니다. 옛 주천군 지역에 위치한 묘에서 발견된 화상전은 대부분 묘실의 벽면에 끼어 있고 죽은 사람의 생전 일상생활을 소재로 한 도상이 그려져 있었습니다(이것은 그 자체로 당시 사람들의 공사에 걸쳐 있는 생활을 알 수 있는 단서로서 매우 귀중한 자료입니다). 그러나 돈황군 지역에 남아 있는 묘에서 발견된 화상전에는 묘실의 벽면을 장식한 것도 일부 있지만 대부분이 묘문위에 집중적으로 쌓여 있고 게다가 여러 신수(神獸)가 대부분 그려져 있습니다.

화상전이 압도적으로 많다는 것과 화상전에는 다양한 신수가 그려져 있다는 것을 통해 돈황의 상장문화(喪葬文化)는 다른 곳에서는 비슷한 예를 찾을 수 없는 독특하고 농밀한 문화라고 할 수 있습니다. 이와 동시에 매우 획일적입니다. 돈황 이외 하서지역의 묘에서는 진묘병과 화상전 이외에도 부장품 목록인 수장의물소(隨葬衣物疏), 묘지(墓地)나 부장품이 피장자의 것임을 증명하려는 묘권(墓券), 게다가 묘지(墓誌)의 기능을 한다고 추정되는 명자(名刺, 오늘날 우리들이 사용하고 있는 명함의 원조)

등 문자가 쓰인 문물이 출토되었습니다. 그 출토된 조합이 각기 다르지만 돈황의 묘에서는 진묘병과 화상전밖에 출토되지 않았습니다. 이 획일성은 기묘하다고 할 수 있을 정도로 돈황이라는 지역사회의 실정을 살펴보는 데 중요한 단서입니다. 이와 동시에 상장문화를 구성하고 있는 물품의 조합이나 그 분포상황을 통해 하서 전 지역을 대상으로 소규모 지역문화권을 설정할 수도 있습니다. 자연환경과 역사적 조건 등으로부터 하서는 통합성을 지닌 하나의 '지역'으로서 다루어져 왔습니다. 확실히 역대 위정자와 내지의 지식인들이 하서라는 지역을 이처럼 인식하였다는 것은 부정할 수 없는 사실입니다. 그러나 하서에 본적을 두고 그곳에서 생활한 사람들이 하서의 정체성을 지니고 있었는지는 완전히 별개의 문제입니다. 오히려 전한과 후한의 교체기, 후한에서 삼국시대로 넘어가는 이행기, 그리고 오호십육국시대의 상황에 대해서 사서를 자세히 살펴보면 하서 4군이 일치단결하여 위험과 곤경에 대처한 것은 볼 수 없습니다. 그보다 독자적으로 움직이는 모습이 두드러지게 나타나는 듯합니다. 이러한 군 단위의 독자성은 상장문화로 상징되는 소규모 지역문화권과도 중첩될 수도 있습니다. 이것으로도 하나의 '지역'으로 파악할 수 있다는 것이 현재 저의 생각입니다.

마지막으로 화제를 다시 돈황으로 옮겨보겠습니다.

돈황은 중국세계의 서쪽 끝에 위치하고 있기 때문에 서역, 즉 중앙아시아를 향해 열려 있는 문호이기도 했습니다. 그래서 실제로 이 문호를 통하여 지금으로부터 2,000년 전인 기원 전후에 중앙아시아를 거쳐 인도불교가 중국세계로 전해진 것은 독자 여러분들께서도 잘 아시는 바입니다. 그로부터 삼백몇십 년이 지난 오호십육국시대에 막고굴이 개착되었습니다. 이후 지배자가 빈번하게 교체되었어도 개착사업은 근세에 이르기까지 지속되어 돈황이 불교의 일대 성지라는 지위에 오르게 되었습니다. 돈황이 불교의 일대 성지일 수 있는 이유에 대해 오래도록 중국세계의 서쪽 끝에 위치하여 불교를 가장 빨리 수용했기 때문이라는 지리적 요인설이 현재까지 여러 방면에서 힘을 얻고 있습니다. 저는 역사연구자로서 이런 설명에 대해 예전부터 큰 불만을 품고 있었습니다. 역사적 모습은 그 시대에 그곳에서 생활한 사람들이 이리저리 얽혀가며 이루어낸 결과이기 때문입니다. 기원 전후(거의 전한과 후한의 교체기에 해당합니다)나 오호십육국시대에도 돈황은 사람이 없는 황무지였던 것은 아닙니다. 그곳에서 한족을 비롯하여 수만 명이 생활하였습니다. 그 사람들이 독실하게 불교에 귀의했기에 불교의 성지가 될 수 있었습니다. 이 책이 다루고 있는 진묘병과 화상전은 시대적으로 거의 막고굴 개착 전야에 출현하지만 불교신앙의 흔적은 찾을 수 없습니다(불교신앙의 영향을 강조하는 연구자가 있기는 합니다). 다만 제가 말씀드렸던 돈황의 독특하고 농밀한 상장문화는 이 지역에서 생활한 사람들이 사후세계에 대해 지닌 깊은 관심을 상징하며 후대에 이루어진 불교의 성지화와도 기저에서는 통한다고 생각합니다. 사실 본문에서 언급한 대로, 막고굴 중에도 북조시대에 조영된 석굴의 벽면에는 화상전과 공통되는 신수가 그려져 있습니다.

문자 그대로 작은 이 책을 빌려 저의 생각을 나타내고자 욕심을 부린 것 같습니다. 이 책을 통해 문제를 해결했다기보다 새로운 과제를 야기했습니다. 왜 돈황의 상장문화는 독특하고 농밀할까라는 의문입니다. 새롭게 부상한 이 의문에 대해서도 급한 대로 나름의 해명을 본문 가운데 서술하기는 했지만 충분하지는 않습니다. 다행히 중국 각지에서 귀중한 문물이 연이어 출토되고 있습니다. 돈황이나 하서지역만이 아니라 중국 전 지역에서 나오는 최신 정보에 주의를 부지런히 기울여서 이 책에서 추구한 문제를 좀 더 지속적으로 마주하고 싶습니다.

2015년 8월

세키오 시로(關尾史郎)

머리말

이 책의 무대는 돈황(敦煌)입니다. 바로 막고굴(莫高窟)을 비롯한 많은 석굴사원이 점재하고 있는 중국 감숙성(甘肅省)의 그 돈황입니다. 막고굴 등 석굴사원의 조상(彫像)과 벽화(壁畵)는 세계 각지로부터 많은 관광객을 중국 서쪽 변두리에 있는 이 자그마한 도시로 불러들이고 있습니다. 저 같은 역사학도에게는 조상과 벽화는 물론, 20세기 초 막고굴의 제17굴에서 발견되어 현재 세계 각지의 박물관이나 도서관에 소장되어 있는 이른바 돈황문헌도 빠트릴 수 없는 유물입니다. 그리고 돈황시 서쪽에는 문자 그대로 중국 세계의 가장 서쪽 끝으로, 중앙아시아, 즉 서역으로 가는 입구로서 예로부터 많은 시인들이 노래했던 양관(陽關)이나 옥문관(玉門關) 등의 유적

[그림 1] 「西晉永嘉三年(309)
正月蘇冶鎭墓甁」(一)

[그림 2] 양식을 퍼내는 모습을
그린 화상전

[그림 3] 코끼리를 새긴 화상전[雕磚]

이 있습니다. 또한 돈황 주변에 흩어져 있는 고대 유적군에서는 20세기 초 이래 간독(簡牘)이라는 목간류도 다수 출토되고 있습니다.

그러나 이 책에서 다루는 대상은 그런 간독도 돈황문헌도 아니며 조상이나 벽화도 아닙니다. 돈황 교외에 있는 고묘군(古墓群)에서 출토된 진묘병(鎭墓甁)과 화상전(畵像磚)입니다. 이것이 '또 하나의 돈황'이라고 제목을 붙인 까닭입니다. 그런데 진묘병이나 화상전이라고 하면 대부분의 독자들은 처음 듣는 용어일 것입니다. 그것은 돈황에 관심을 가지고 있는 사람들에게도 마찬가지일 것입니다.

진묘병이란 피장자의 안녕을 기원하는 문장이 측면(기물의 배 부분)에 새겨진 작은 질그릇 병이나 사발입니다[그림 1]. 그리고 이 문장을 진묘문(鎭墓文)이라고 부르고 있습니다. 돈황 교외의 고묘군에서는 수많은 진묘병이 출토되었습니다. 또한 화상전이란 묘실의 벽면 등에 끼워 넣은 작은 벽돌 가운데 그림이 그려져 있는 것입니다[그림 2]. 그 그림을 전화(磚畵)라고 부릅니다. 일부 도상을 새겨 넣은 것도 있는데 이것은 조전(雕磚)

이라고 합니다[그림 3]. 번잡한 듯하여 이 책에서는 양자를 일괄하여 화상전이라고 부르겠습니다. 이 화상전을 이용하여 조영한 묘가 돈황에는 적지 않습니다. 3세기부터 5세기 전반에 이르는 시기, 즉 왕조 구분으로 말하자면 위・서진(魏・西晉)시대(220~316)부터 오호십육국(五胡十六國)시대(317~439)에 걸쳐서 진묘병과 화상전은 돈황에 보급되어 많은 묘에 부장되었습니다. 따라서 이 시대에 돈황에서 생활한 사람들의 세계관이나 종교의식을 이해하기 위해서는 둘도 없는 귀중한 자료라 할 수 있습니다.

그런데 막고굴이 개착되기 시작한 것은 4세기 후반이라고 전해지고 있습니다. 진묘병과 화상전이 보급되던 시대에 해당합니다. 막고굴이 개착된 경위에 대해서는 아직 분명하지 않은 점이 적지 않지만, 돈황에 거주하는 사람들이 그 사업 추진에 적지 않게 관여하였을 것입니다. 그렇다면 진묘병과 화상전의 분석을 통해서 당시 돈황 사람들이 지니고 있던 세계관이나 종교의식을 조금이나마 명확히 밝히는 것은 막고굴로 대표되는 돈황 석굴사원의 사회적 기반이나 종교적 배경을 탐구하기 위해서도 매우 중요한 과제라고 할 수 있습니다.

이 책에서는 돈황 교외의 고묘군에서 출토된 진묘병과 화상전을 소개하고 그 의미와 관련 있는 몇몇 문제에 대하여 주로 일본과 중국에서 거둔 최근의 연구 성과를 좇아가면서 독자 여러분과 함께 생각해 보고자 합니다. 우선 서장에서는 돈황의 자연환경과 역사에 대해 개관하였습니다. 이어서 제1장에서는 진묘병과 화상전이 출토된 돈황의 고묘군과 고묘에 대해서 설명한 뒤 제2장에서는 진묘병에 대하여, 또한 제3장에서는 화상전에 대하여 각각 검토하였습니다. 제4장에서는 독특한 진묘병과 화상전을 만들어 낸 돈황의 지역사회에 대해서 살펴보았습니다. 마지막으로 종장에서는 진묘병과 화상전의 시간적·공간적 범위에 대해서 전망하였습니다.

이 책을 통하여 석굴사원의 조상이나 벽화, 나아가 돈황문헌이나 간독에서 엿볼 수 없었던 돈황에 대해서 독자 여러분께서 알게 되고 관심을 가져주었으면 하는 것이 저의 자그마한 바람입니다.

차례

서장

돈황으로

돈황의 환경

가지고 계시는 중국, 즉 중화인민공화국 지도를 펼쳐주십시오. 동서로는 꽤 서쪽이고, 남북으로는 북쪽인 동경 95° 39´, 북위 40° 6´에 돈황시가 위치하고 있습니다[그림 4]. 감숙성 주천(酒泉)시에서 관할하는 면적 27,000km², 인구 14만 명으로 이루어진 도시입니다. 감숙성 자체 면적이 470,000km²으로 일본 전체보다 크기 때문에 돈황시만도 일본 전체의 7% 남짓에 달하는 면적을 과시하고 있습니다. 그러나 그처럼 광대한 면적을 자랑할지라도 인구는 겨우 14만 명뿐입니다. 물론 이는 인구가 줄어들었기 때문은 아닙니다. 고비라고 불리는 자갈지대와 문자 그대로 사막이 시 면적 전체의 74%를 차지하고 있습니다. 연간 평균습도는 40%밖에 되지 않습니다. 일본 도쿄의 연간 평균습도가 60% 안팎이기 때문에 얼마나 건조한지를 알 수 있습니다. 연간 강수량은 40mm 정도이나 증발량은 2,000mm가 넘습니다. 연간 평균기온은 9.3℃이고 최고는 7월의 24.7℃,

[그림 4] 돈황의 위치

최저는 1월의 -9.3℃입니다. 그러나 이것은 어디까지나 평균기온이며 실질적인 최고기온은 40℃가 넘고 최저기온은 -20℃ 아래로 내려가기도 합니다. 그에 덧붙여 일교차가 크며 특히 5월에서 7월까지 그 차이가 25℃를 웃돌기도 합니다. 또한 초봄에서 여름 사이에 부는 강풍도 돈황 기후의 특징입니다[敦煌市志編纂委員會(編) 1994]. 이러한 데이터에서 사람들이 생활하기에 돈황이 얼마나 곤란한 지역인가를 쉽게 알 수 있을 듯합니다. 안정적으로 관개에 이용할 수 있는 하천은 당하(黨河) 정도입니다. 그 당하도 만년설을 이고 있는 기련산맥(祁連山脈)에서 발원하여 북쪽으로 흘러 선상지에 세워진 돈황시가를 관통한 뒤 사막 한가운데에서 그 모습을 감추고 있습니다. 당하와 그 유수에 의존하는 용수로인 도랑[渠]을 제외하면 시 전역에 널리 점재하는 샘물 덕분에 가까스로 농사를 지을 수 있습니다. 해발고도를 살펴보면 시 전역의 서북부에는 1,000m 이하의 평지가, 서남부에는 2,000m 이상의 산지가 펼쳐져 있지만 절반 넘는 지역이 1,000m의 대지이며 시가지를 비롯하여 농업이 성행하는 당하의 선상지도 1,000m 남짓입니다.

위진시대부터 오호십육국시대에 걸쳐 현재 돈황시에는 돈황군(敦煌郡), 돈황현(敦煌縣)이 설치되었습니다. 서진시대에 돈황군에는 군 치소인 돈황군을 비롯하여 원래 12개의 현이 속해 있었지만 호수는 총 6,300호밖에 되지 않았습니다. 따라서 돈황현의 인구도 2만 명이 되지 않았을 것으로 추정됩니다. 당시의 돈황 현성 유지가 현재에도 당하의 서쪽에 조금이나마 남아 있습니다. 이 현성을 중심으로 당하를 따라 있는 일대가 당시 거주구역이었을 것입니다. 시대가 내려가지만 8세기의 당대 호적에 따르면 현성에서 동서남북으로 대략 10리(약 5.6km) 안팎에 경지가 점재해 있었습니다. 현재 시가지 주변에는 면화 밭이 펼쳐져 있지만 일찍이 곡물이 재배되었습니다. 경지였던 현재의 면화밭 밖에는 지금이나 예전이나 자갈지대가 인간의 생활과 생산활동을 거부하듯이 가로질러 있습니다. 이곳이 바로 후술하듯이 묘지가 조영되어 이른바 사후의 공간이 되었습니다. 이 자갈지대가 삼위산(三危山)과 접하는 곳에 조영된 것이 막고굴입니다. 막고굴은 서수구(西水溝)라고 불리는 작은 하천이 선상지로 흘러나가는 선정(扇頂) 부근에 입지했는데 그곳은 또한 자갈지대가 끝나는 지점이기도 합니다.

위진시대에서 오호십육국시대에 걸친 시기에 당하는 돈황을 관통한 뒤 더욱 북상하여 소륵하(疏勒河)와 합류하면서 서쪽으로 흘러 마지막으로 '떠도는 호수'로 유명한 롭노르(Lop-Nor)로 흘러들어갔다고 합니다. 따라서 돈황 일대는 지금만큼 건조하지 않았을 터이지만 현성을 중심으로 한 생활공간, 그 주변의 생산공간, 그 외연의 사력지대, 즉 묘지 공간, 그리고 사력지대가 끝나는 산간부의 입구 부근에 조성된 석굴사원이 있었다는 공간구조에는 기본적인 변화가 없었다고 생각합니다.

그런데 감숙성에서도 돈황을 비롯한 무위(武威), 장액(張掖) 및

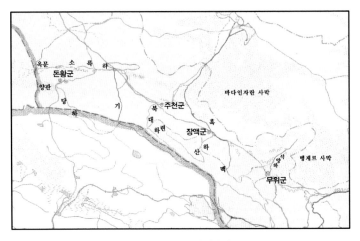

[그림 5] 고대 하서지역

주천 등 황하 이서 지역을 예부터 '하서(河西)'라고 불렀습니다. 이 지역은 북쪽에 바다인 자란(Badain Jaran)사막과 텡게르(Tengger) 사막이라는 대사막이 가로질러 있고 또한 남쪽에는 기련산맥이 라는 4,000~5,000m급의 고산지대가 중첩하여 뻗어 있는 사이 에 끼어 있어 띠처럼 연결된 모습을 드러내고 있습니다[그림 5]. 그 때문에 하서통랑(河西通廊) 혹은 하서주랑(河西走廊)이라고 불 리었습니다. 해발 1,000m 정도의 띠처럼 연결된 이 지역에서 돈황은 가장 서쪽에 위치한 도시이기도 합니다. 또한 돈황이 당 하의 선상지에 조영되었듯이 무위는 석양하(石羊河), 장액은 흑 하(黑河), 그리고 주천은 북대하(北大河)의 선상지에 각각 조영되 어 있습니다. 그 하천 모두가 기련산맥에서 발원하여 북쪽으로 흘러 선상지에 오아시스 도시를 만들고 곧 복류하여 사력지대에서 사라지고 있습니다. 하천 하나가 여러 도시로 흘러들어 물을 대는 것이 아니어서 도시와 도시 사이에는 광대한 사력지대가 펼쳐져 있습니다. 또한 여름은 극단적으로 덥고 겨울은 극단적으로 추워 기온의 연교차가 크며, 연간 강수량이 많은 곳도 200mm 정도밖에 안 되어 매우 건조한데다가 강풍이 세차게 부는 등 기후조건도 거의 공통됩니다[保柳睦美 1980]. 이것은 돈황을 비롯한 하서지역의 역사 전개나 사회구조를 살펴볼 때 매우 중요한 점입니다.

그렇다면 돈황을 비롯한 하서지역에서 어떠한 역사가 전개되었던 것일까요?

돈황의 역사 ① 한대까지

　돈황을 비롯하여 하서지역이 중국세계에 편입된 것은 기원전 2세기 후반, 전한(前漢) 무제(武帝)의 치세 때입니다. 무제는 적극적인 대외정책을 추진한 것으로 일찍이 알려져 있지만 하서지역은 옛날부터 유목민족의 세력 범위 안에 있었습니다. 전국시대(기원전 453～기원전 221)부터 통일을 성취한 진(秦)나라(기원전 221～기원전 206)에 걸쳐 이 지역에서 패자를 주창한 것은 월지(月氏)라 부르는 세력이었습니다. 월지는 하서만이 아니라 몽골리아(Mongolia)부터 중앙아시아에 이르는 광대한 세력권을 과시하고 있었다고 여겨집니다. 중국세계가 진나라에서 전한(기원전 206～8)으로 왕조교체가 이루어진 무렵 월지를 몰아내고 대신 하서지역을 차지한 것은 일찍이 월지 밑에서 인질로 살았던 묵특선우(冒頓單于)가 통솔한 흉노(匈奴)입니다.

　흉노는 묵특선우나 그의 아들 노상선우(老上單于) 시대에 몽골리아에 거점을 두면서 하서지역부터 중국의 동북지방에 이르는 커다란 세력 범위를 구축하였습니다. 서쪽으로 이동한 월지의 주력은 중앙아시아에서 대월지(大月氏)로 성장했지만 월지의 일부가 후대까지 하서의 산악지대를 중심으로 독자적 세력을 유지하기도 하였습니다. 이것이 소월지(小月氏)입니다. 한편 흉노는 좌현왕(左賢王) 휘하에 있던 휴도왕(休屠王)과 혼야왕(渾邪王)이 하서 일대를 관할하면서 기련산맥의 남쪽에 있는 티베트계 강족(羌族)과도 손을 잡아 위세를 떨쳤습니다. 이런 형세는 전한 무제시대에 이르러 크게 바뀌게 됩니다.

무제는 숙적 흉노를 격퇴하기 위하여 중앙아시아에 있는 대월지와 제휴를 모색했습니다. 이를 위해 기원전 139년에 장건(張騫)이 대월지에 파견되었습니다. 한편 곽거병(霍去病)이 두 차례에 걸쳐 흉노 원정에 나서 그들에게 큰 타격을 주었습니다. 패전의 책임을 추궁당한 혼야왕은 휴도왕을 죽이고 전한에 항복하여 하서지역이 비로소 중국세계에 편입되었습니다. 기원전 121년의 일입니다.

당초 무제는 흉노로부터 탈취한 이 지역에, 중앙아시아에 있던 오손(烏孫)을 불러들여 안정시키려고 했지만 최종적으로는 군현제를 시행하게 됩니다. 그 결과 우선 무위군(지금의 감숙성 무위시)과 주천군(지금의 감숙성 주천시) 두 군이 설치되었습니다. 중요한 돈황군 설치 연대에 관해서는 장액군(지금의 감숙성 장액시)과 더불어 사서 기록이 서로 맞지 않아 정설이 아직까지 없습니다. 이 문제에 관해서는 현재도 연구가 진행 중이지만 대략 기원전 1세기 초라고 생각합니다. 대완(大宛; 페르가나)을 시작으로 하는 중앙아시아로 진출하기 위해서 전진기지로서 지배영역의 가장 서쪽 끝에 군(郡)을 설치할 필요가 있었기 때문입니다.

돈황군이 설치될 당시의 속현(屬縣)은 군 치소가 있는 돈황현을 비롯하여 명안(冥安)·효곡(效穀)·연천(淵泉)·광지(廣至) 및 용륵(龍勒) 등 여섯 현이었습니다. 이때 하서지역에는 네 군이 병립하여 이후 오랫동안 '하서 4군(河西四郡)'이라고 통칭되었습니다. 이들 지역에는 내지로부터 빈민이나 죄수들이 가족과 함께 이주하여 농기구를 지급받아 농지를 개발하였습니다. 농사가 하서지역에서 본격적으로 시작되었던 것입니다. 또한 이와 동시에 하서를 포함한 북변에는 흉노의 침공을 막기 위해 병사가 증강 배치되었고 둔전(屯田)이 시행되었습니다. 장성(長城)도 돈황의 북쪽을 동서로 가로질러 옥문관(玉門關)까지 펼쳐졌습니다. 더욱이 항복해 온 흉노를 수용하기 위하여, 속국(屬國)이라는, 군현과는 다른 행정구획도 설치되었습니다. 무제시대에는 군을 감찰하기 위해 상급 단위로서 주(州)가 신설되었는데 하서 4군은 황하의 동쪽에 설치한 금성(金城; 지금의 감숙성 난주시) 등과 함께 양주(涼州)에 편입되었습니다. 이후 주가 군의 상급 행정구역으로 변질되었어도 하서 4군은 4세기 초까지 거의 계속해서 양주에 소속되었습니다.

얼마 되지 않아 기원후 9년에 왕망이 전한의 통치권을 탈취하여 신(新)나라를 열자 정치적으로나 사회적으로 혼란이 확대되었습니다. 23년에는 외효(隗囂)가 토착지역인 천수[天水; 지금의 감숙성 통위현(通渭縣)]에서 자립하였습니다. 이 지역은 황하의 동쪽에 위치하면서 하서로 통하는 교통의 요충지입니다. 33

년에 후한에게 멸망당할 때까지 외효의 방침에는 줄곧 일관성이 없었습니다. 외효의 자립 소동이나 적미(赤眉)의 난 등 때문에 하서지역은 중앙과 연락이 원활하게 이루어지지 않은 것이 확실합니다. 대신 돈황을 비롯한 하서지역에 보다 직접적인 영향을 끼친 것은 두융(竇融)의 자립입니다. 하서의 지방관을 배출한 일족 출신이라는 배경도 있어서 두융은 내지의 혼란을 피하여 지방관으로서 이곳에 부임한 지 얼마 지나지 않아 자립을 도모하였습니다.

장액속국도위(張掖屬國都尉)로서 부임한 그는 25년에 지방관들의 지지를 얻어 행하서오군대장군사(行河西五郡大將軍事)가 되었습니다(오군이란 하서 4군과 금성군입니다). 우카이 마사오(鵜飼昌男)는 이것을 '하서오군연합정권의 성립'이라고 평가하였습니다[鵜飼 1996]. 하서 동부인 무위・장액 두 군의 태수(太守; 군의 최고책임자)는 이런 움직임을 지지하지 않았지만 돈황도위인 신융(辛肜)은 두융에게 접근하여 돈황태수의 지위를 얻었습니다. '주군(州郡)의 영웅'이라고 칭송받은 신융의 행동 배후에는 돈황 사람들의 의향이 있었던 것은 아닐까요! 또한 이 시기에는 내지의 환란을 피해 하서로 이주한 사람들이 등장하였습니다. 그중에는 우부풍[右扶風; 지금의 섬서성(陝西省) 부풍현]이나 좌풍익[左馮翊; 지금의 섬서성 고릉현(高陵縣)] 등 장안 근교 출신 사람들이 적지 않았습니다. 부풍 출신인 두융 자신이 그 대표격이라고 할 수 있습니다. 이들에 더해 양주 동부의 군에서도 많은 피난민이 하서로 유입되었습니다. 두융 같은 명족에게도, 유입된 많은 사람들에게도 하서는 물자가 풍부하고 사회가 안정된 지역이라고 인식되었던 것입니다. 두융은 이윽고 후한 광무제(光武帝)에게 귀속하여 내지에 귀환하였지만 두융의 자립은 돈황의 역사를 배우는 우리들에게 여러 사실을 시사하고 있습니다.

그런데 후한왕조의 안정도 2세기에 들어서면 강족의 반란으로 동요하기 시작합니다. 107년에 중앙아시아 원정에 동원된 강족이 주천에 이르자 반항을 하면서 결국 본격적인 반란으로 확대하였습니다. 여기에 내지로 이주당했던 강족이 호응하여 불길이 옛 도성 장안 인근까지 미쳤습니다. 이때 조정에서 양주를 방기하자는 주장이 제기되기도 하였습니다. 일단 종식된 것처럼 보였던 반란이 최종적으로 진압된 것은 144년입니다. 이기간에 하서지역, 특히 돈황과 중앙 사이에 연락이 두절되었으리라는 것은 그리 상상하기 어렵지 않습니다. 이후에도 강족이 일으킨 반란은 단속적으로 반복되었고 184년에는 강족과 호족(胡族)이 결탁하여 일으킨 반란에 한족인 변장(邊章)이나 한수(韓遂)가 군사(軍師)로 가담하여 양주에 위기가 엄습했습니다.

동시에 동쪽에서도 황건의 난과 그 잔존세력의 반란이 일어나자 다시 양주방기론이 제기되었습니다. 당시 양주자사(刺史; 주의 최고책임자)로 임명된 이들은 누구도 반란을 진압할 수 없었고 반란세력은 그 불안을 이용하여 정신이 없을 정도로 빠르게 지도자를 자주 교체하면서 저항을 이어갔습니다. 이들은 동탁(董卓)의 후계자라고 할 만한 이각(李傕)·곽사(郭汜) 세력과도 야합하면서 3세기를 맞이하였습니다. 반란 세력 가운데 마지막까지 집요하게 저항을 계속한 한수가 전사한 것이 215년의 일이었습니다. 그 사이에 강족, 호족, 한족에 저족(氐族)이 가담한 반란 세력이 양주의 동부를 석권하였습니다. 그렇다면 양주의 서부, 하서지역에서는 어떠한 움직임이 일어났을까요?

돈황의 역사 ② 위·서진시대

『삼국지(三國志)』에 따르면 돈황에서는 계속되는 반란 때문에 교통이 단절되고 중앙에서 태수가 부임할 수 없어 태수가 없는 상황이 20년간 이어졌는데 이 기간에는 군에서 관리로 일하던 토착 명족 출신인 장공(張恭)이 사람들로부터 천거되어 군의 정무를 집행했다고 합니다. 이것은 3세기 초부터 위(魏)나라가 탄생한 230년 무렵까지의 일이지만 그 이후 도성으로부터 태수가 새로 부임해 오더라도 군정개혁을 전혀 단행할 수 없었을 것입니다. 아마 토착 출신 명족들이 군정에 개입하였을 것입니다. 그렇다고 해도 장공 등 명족들이 적극적으로 후한왕조에 반기를 들었다는 것은 아닙니다. 왜냐하면 그는 아들 장취(張就)를 조조(曹操) 휘하로 보내어 새로운 태수를 임명하여 파견해 줄 것을 요청하고자 했기 때문입니다. 그러나 인접한 주천이나 장액에서는 토착 명족들이 중앙에서 파견한 태수를 구속하거나 살해하면서 군정을 장악하고 중앙과의 제휴를 모색한 장공의 움직임을 견제하였습니다. 이들 군에서는 명족 사이에도 대립과 분쟁이 있었다는 기록이 있어 하서 4군마다 혼란에 대한 대처 방법이 제각각이었다는 것을 알 수 있습니다. 돈황에서는 명족 사이의 대립이나 분쟁이 보이지 않아 명족이 하나로 협력하여 군정을 담당한 듯합니다.

또 한 가지 언급하고 싶은 것은 원주민족인 강족이나 호족, 그리고 과거 월지의 잔존세력인 소월지 등이 일련의 반란과정 가운데 중요한 국면에서 등장하여 활발하게 활동하였다는 점입니다. 당시에도 그들이 하서지역에서 여전히 목축 내지 유목을 주요한 생업으로 삼고 있었다는 것을 사서의 기술에서 엿볼 수 있습니다. 그들은 쉽사리 한족문화에 물들지 않고 각각 독자의 생활문화를 유지하였던 것입니다.

위·촉·오 삼국이 정립하는 정치상황이 고정되면서 이런 움직임은 수습되어 갔지만 잠시 동안이었습니다. 270년에 선비족(鮮卑族)의 독발수기능(禿髮樹機能)이 양주에 인접한 진주(秦州; 지금의 감숙성 천수시 부근)에서 봉기하였고 다음 해에는 양주의 호족도 봉기하였습니다. 이에 대적했던 진주자사와 양주자사 모두 전사하자 독발수기능은 바로 양주에도 침입했습니다. 가장 서쪽 끝에 위치한 돈황에 그 여파가 미치지 않은 듯하지만 틀림없이 중앙과 연락이 다시 끊어졌을 것입니다. 태수인 윤거(尹璩)가 재임 중에 사망하자 군의 관리였던 토착 명족 출신인 송질(宋質)이 양주자사의 지시를 어기고 역시 토착 명족 출신인 영호풍(令狐豊)을 태수로 천거하였습니다. 그리고 영호풍이 죽자 그의 동생 영호굉(令狐宏)이 대신하여 태수에 오르는 사태가 벌어졌습니다. 279년에 독발수기능의 반란이 평정돼서야 이런 상황은 해소되었지만 토착 명족 출신자가 군정을 주도하는 방식은 후한·위 교체기의 돈황 상황과 그다지 다르지 않은 것 같습니다. 사토 치스이(佐藤智水)는 나중에 등장하는 서량(西涼) 정권을 염두에 두어서인지 이때의 움직임을 "돈황독립정권으로까지는 이르지 못했다"고 총평하였습니다[佐藤智水 1980]. 294년이 되자 이번에는 장안 근교에서 흉노가 봉기하였습니다. 그 세력은 저족인 제만년(齊萬年)이 통솔하였는데 진주(秦州)에까지 미쳤습니다. 이로써 돈황을 비롯하여 양주는 다시 중앙과 연락을 할 수 없게 된 듯합니다. 이 반란이 종식된 299년에 황태자인 사마휼(司馬遹)이 폐위되는 사건이 벌어졌습니다. 이 사건을 계기로 팔왕(八王)의 난이 일어났습니다. 드디어 오호십육국시대의 막이 열리게 되었습니다.

돈황의 역사 ③ 오호십육국시대 이후

  오호십육국이란 명칭은 다섯 종류의 비한족[흉노, 갈(羯), 선비, 저, 및 강의 오호]이 16개의 정권(십육국)을 세웠다는 이해를 바탕으로 명명된 것이지만 이 시대는 실제 한족도 포함하여 더욱 많은 민족집단이 20개 이상의 정권을 수립한 시대입니다[그림 6]. 어쨌든 이 시대에 돈황의 지배자는 전량(前涼; ~376), 전진(前秦; ~385), 후량(後涼; ~397), 북량(北涼; ~400), 서량(西涼; ~421), 북량(北涼; ~439)으로 정말 어지럽게 교체되었습니다. 이 가운데 전진 이외의 정권은 모두 '량(涼)'을 이름으로 쓴 것에서 분명히 알 수 있듯이 하서지역을 포함한 양주를 거점으로 한 정권입니다. 이 시대에는 하서지역이 중국세계의 다원적 정치 중심 가운데 하나가 되었던 것입니다.

  4세기 초 서진의 황실 출신 왕들이 일으킨 팔왕의 난(300~305) 때문에 일어난 혼란을 목격한 장궤(張軌)는 옛 두융의 고사를 따라 지방관으로서 하서에 부임하기를 청원하였습니다. 소원이 이루어져 서진의 양주자사·호강교위(護羌校尉)로서 무위에 도착한 그는 즉시 하서지역의 명족 출신자를 수족 같은 부하나 모주(謀主)라는 개인 참모로 포섭하였습니다. 또한 팔왕의 난이나, 흉노 출신으로 한왕(漢王)이라는 이름을 빌린 유총(劉聰)

이 도성 낙양을 공격하여 서진의 회제(懷帝)를 연행한 영가(永嘉)의 난(312) 등의 혼란을 피해 내지에서 많은 사람들이 하서지역으로 유입해 오자, 장궤는 각지에 그들을 수용하기 위해 군이나 현을 설치하고 그들을 정착시키는 데 힘썼습니다[關尾史郎 1980]. 이리하여 자립의 길로 나아가는 준비를 서서히 진행하였습니다. 316년 서진이 멸망에 직면하자 장궤의 후계자들은 장안이나 낙양 등 옛 도성을 점거한 전조[前趙; 한(漢)]나 후조(後趙) 등 비한족이 세운 정권을 따르지 않고 역사상 자취가 사라진 서진의 연호를 계속 사용하면서 서진의 권위를 받들었습니다. 이것은 내지에서 하서의 지역사회로 피난해 온 한족의 지지를 얻기 위한 일종의 연출 행위라고 할 수 있습니다. 서진이 멸망한 지 40년이나 지난 361년에서야 전량은 서진의 후계왕조로서 강남에 성립한 동진(東晉)의 연호를 받들었습니다. 그 15년 뒤 전량은 장안을 거점으로 화북 통일을 진행한 전진(前秦)정권의 군문(軍門)에 투항하게 됩니다.

전량을 줄곧 지탱한 것은 하서지역 가운데서도 서부, 특히 돈황의 명족 출신자들이었습니다. 예를 들면 수족 같은 부하나 모주 중에는 송씨(宋氏), 음씨(陰氏) 및 범씨(氾氏) 등 돈황의 명족 출신자들이 많이 포함되어 있었습니다. 장조(張祚)가 권력을 전횡하는 위기에서 전량을 구한 것도 돈황 명족 출신인 송혼(宋混)·송징(宋澄) 형제였습니다.

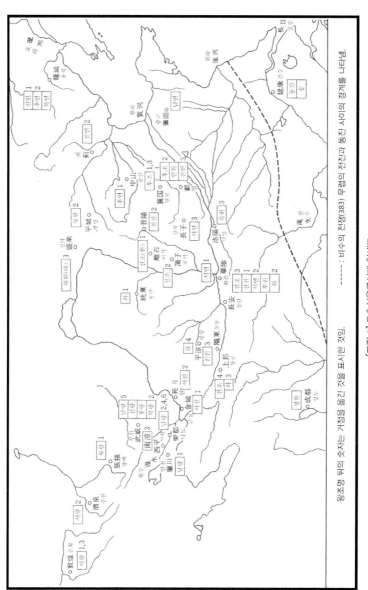

[그림 6] 오호십육국시대 형세도

왕조명 뒤의 숫자는 거점을 옮긴 것을 표시한 것임.   ------ : 비수의 전쟁(383) 무렵의 전진과 동진 사이의 경계를 나타냄.

또한 이 시대에는 내지에서 하서를 목적지로 하여 이주한 사람들의 움직임에 의해 촉발되었던 것인지 하서지역 사람들이 더 서쪽 지역을 목적지로 삼아 나아갔습니다. 이들의 유입으로 인구가 급증한 투루판분지에 역사상 군으로는 최초로 327년에 전량이 고창군(高昌郡)을 설치하였습니다. 이곳은 오늘날 신강위구르자치구의 투루판시에 해당하지만 군이 설치되기 이전부터 고창벽(高昌壁)이라는 군사시설이 설치되어 병사와 그 가족이 생활하였습니다. 군현제가 시행되면서 최전선의 군사거점도 내지와 마찬가지인 생활공간으로 변하게 되었던 것입니다. 돈황 사람들이 그 무리에 포함되었다는 사실은 투루판의 아스타나·카라호자 고묘군에서 출토된 묘지(墓誌)의 기록에서 분명하게 확인할 수 있습니다. 이로써 돈황은 점차 중국세계의 가장 서쪽 끝이라는 위치에서 벗어나게 되었습니다.

앞에서도 서술했듯이 막고굴의 개착도 전량시대인 366년에 개시되었습니다. 7세기 말에 작성된 「대주성력원년(698)이군중수막고굴불감비병서[大周聖曆元年(六九八)李君重修莫高窟佛龕碑並序]」(프랑스국가도서관소장 돈황문헌, BnF.P.2551v)에 진(秦) 건원(建元) 2년(366)에 사문(沙門) 악준(樂僔)이 굴감(窟龕) 하나를 만들었다고 쓰여 있는 것이 그 근거입니다. 이에 대해서는 여러 다른 주장이 있어 연도를 단정하기란 어렵지만 이미 돈황에는 일찍부터 중앙아시아 출신의 승려가 진출해 있었을 것으로 생각합니다. 3세기에 '돈황보살(敦煌菩薩)'이라고 칭해진 대월지 출신의 축법호[竺法護; 법명 다르마라크샤(Darmaraksa)]의 경우 그 선조들이 몇 대에 걸쳐 돈황에 살았는데 그는 중앙아시아 각지를 두루 다니며 수행에 힘썼고 그 뒤에는 돈황과 장안에서 역경사업에 종사하였습니다. 그의 간략한 전기를 기재한 혜교(慧皎)의 『고승전(高僧傳)』에는 섭승원(聶承遠)·섭도진(聶道眞) 부자를 비롯하여 그 후계자들의 이름도 보입니다. 또한 이 책에 따르면 그중 한 사람인 축법승(竺法乘)은 스승의 뜻을 이어 돈황에서 불교를 융성하는 데 공헌했다고 합니다.

화북 통일에 성공한 전진(前秦)도 동진(東晉)과 비수(淝水)의 전투(383)에서 패배하여 맥없이 와해되고 말았습니다. 전진의 장군으로 중앙아시아 원정 중이었던 여광(呂光)은 귀환하던 도중 386년에 무위에 들어가 사지절(使持節)·중외대도독(中外大都督)·대장군(大將軍)·양주목(涼州牧)·주천공(酒泉公)이라고 칭하며 새로운 정권을 발족하였습니다. 이것이 후량(後涼)입니다. 여씨는 전진의 왕실인 부씨(苻氏)처럼 티베트계 저족 출신이었는데 한족을 중용하지 않고서는 지역사회의 지지를 얻을 수 없었습니다. 그 때문에 397년에는 단업(段業)이 장액에서 사지절·대도독(大都督)·용양대장군(龍驤大將軍)·양주목·건강공(建康公)을 칭하며 북량(北涼)을, 선비의 독발오고(禿髮烏孤)가 염천[廉川; 지금의 청해성 낙도현(樂都縣)]에서 지절·대도독·대장군·대선우(大單于)·서평왕(西平王)을 칭하며 남량(南涼)을 각각 세웠습니다. 얼마 지나지 않아 북량의 권력을 사지절·대도독·대장군·양주목·장액공(張掖公)을 칭한 저거몽손(沮渠蒙遜)이 탈취하였는데 북량은 439년에 북위에게 멸망당할 때까지 하서지역의 대부분을 지배하였습니다.

그 와중에 400년에는 북량의 지배하에서 토착 명족으로부터 추천된 이고(李暠)가 다시 돈황을 기반으로 하여 대도독·대장군·호강교위(護羌校尉)·진량이주목(秦涼二州牧)·양공(涼公)을 칭하며 서량(西涼)을 세웠습니다. 이제야 비로소 돈황의 명족은 한족 중심의 정권을 자신들의 손으로 겨우 탄생시킬 수 있었던 것입니다. 정권의 중추에 색씨(索氏), 영호씨, 송씨, 범씨, 장씨 및 음씨 등 돈황의 명족 출신자들이 이름을 나란히 하였습니다. 이고는 본적이 농서군[隴西郡; 지금의 감숙성 농서현(隴西縣)]이지만 할아버지 이엄(李弇)이 전량에 출사한 이래 하서에 일족을 데리고 정착하였으며 북량의 돈황태수로서 토착 명족의 지지를 받았습니다. 서량은 그 뒤 주천으로 거점을 옮기고 하서의 중심인 무위를 노렸지만 결국 서쪽으로는 투루판, 동쪽으로는 주천에 이르는 한정된 지역만을 통치했고 겨우 21년밖에 존속하지 못하였습니다. 그러나 돈황에 거점을 둔 정권으로서 돈황의 역사를 살펴볼 때 무시할 수 없는 존재입니다.

더구나 이 시대에 돈황을 비롯한 하서지역 각지에는 교역에 종사하는 페르시아계 소그드인이 이미 정주하고 있었습니다. 예를 들면 돈황 서쪽의 유적에서는 소그드문자로 쓰인 '고대서간(古代書簡)'이 발견되었는데, 문장 가운데 영가의 난에 대한 내용으로 여겨지는 부분이 있어 난이 일어난 직후인 312~313년에 작성된 것으로 추정하고 있습니다. '고대서간'에는 돈황에 거주하는 소그드인 여성이 어머니와 아버지에게 보내는 편지가 있는 한편 소그드인의 출신지인 사마르칸트로 보내는 편지는 중국 내지와 교역활동을 보고하는 내용을 담고 있습니다. 거기에는 삼베[麻], 비단[絹] 및 사향 등이 상품으로 거래되고 있다고 쓰여 있습니다. 또한 중국세계에 100명 규모의 소그드인 취락지가 있다는 것도 알 수 있습니다. 그로부터 약 반세기 후에 전량을 무너뜨린 전진정권은 옛 전량 지배하에 있던 사람들에게 자산의 많고 적음에 따라 금이나 은으로 세금을 내라고 명령하였습니다. 이러한 세금은 내지인 중원지역에서는 생각지도 못하는 것입니다. 아마 소그드상인이 사산조 페르시아의 화폐를 하서지역으로 가져왔을 것입니다. 또한 소그드인이 동쪽으로 진출함에 따라 그들이 믿고 있던 조로아스터교[현교(祆敎)]가 돈황에 사는 한족 사람들에게도 널리 퍼졌을 것이라고 왕소(王素)는 주장하였습니다[王素 1986].

북량을 멸망시킨 북위는 전한 이래 하서지역에 설치한 군현을 폐지하고 무위에 양주진(涼州鎭)을, 돈황에는 돈황진(敦煌鎭)을 설치하고[장관은 모두 진도대장(鎭都大將)입니다] 그 아래에 수(戍; 소규모 군사조직)나 군(軍)을 배치하여 군정지배를 시행하였습니다. 군정의 구체적 내용은 알 수 없지만 북량의 거점인 고장(姑臧; 무위군의 치소)에서는 많은 사람들이 북위의 도성인 평성[平城; 지금의 산서성 대동시(大同市)]으로 연행되었습니다. 이 때문에 전한 이래 곡절을 거치면서도 줄곧 발전하였던 하서의 지역사회가 정체되고 말았습니다. 이때 내지로 연행된 사람들 가운데에는 소그드인도 포함되어 있었을 것입니다. 소그드왕이 북위에 사자를 파견하여 돈을 내고 그 사람들의 신병을 인도받으려 했기 때문입니다. 또한 그 뒤 북위의 불교계를 이끌게 된 담요(曇曜)를 비롯하여 적지 않은 승려도 평성으로 들어갔습니다. 이런 일이 벌어지면서 5세기 중반 이후 막고굴의 조영사업은 전반적으로 저조하게 되었습니다.

이윽고 5세기 후반이 되자 각지에 설치했던 진(鎭)은 점차 폐지되고 주(州)가 부활하여 민정이 실시되었습니다. 그러나 돈황은 변경에 위치한 데다 5세기 후반에는 유목세력인 유연(柔然)의 침공이 단속적으로 반복되었기 때문인지 6세기에 들어서도 여전히 진(鎭)인 채 주(州)로 이관되지 않았습니다. 북량이 멸망한 뒤 그 왕실일족이 투루판에 들어가 망명정권을 세웠고 그 뒤에도 고창국(高昌國)이 7세기 전반까지 그 지역을 지배했기 때문에 돈황은 다시 중국세계의 가장 서쪽 끝이 되었습니다.

고창국은 유연이나 고차 등 유목세력의 압력하에 놓여 있었기에 돈황의 군정이 쉽사리 종결될 수는 없었을 것입니다. 육진(六鎭)의 난이 일어난 다음 해인 525년에서야 돈황에 과주(瓜州)라는 주가 설치되었습니다. 북변의 여러 진에 배속된 진민(鎭民)의 지위 저하가 발단이 되어 발발한 이 반란이 돈황에도 파급되는 것을 어떻게든 막아 보려 했던 것입니다. 막고굴의 조영사 업도 초대 과주자사로 부임한 종실 출신인 원태영(元太榮)과 그 후계자들이 재개하였습니다. 서위(西魏)시대(535~556)에 들어서자 명족 출신인 영호정(令狐整)을 자사로 옹립하려는 움직임도 나타나면서 돈황의 지역사회는 다시 이전과 같은 활기를 띠기 시작하였습니다.

여기까지 살펴본 돈황을 중심으로 한 하서지역의 역사 흐름을 간단히 정리하도록 하겠습니다.

하서지역이 중국세계에 편입된 것은 전한시대인 기원전 2세기 말입니다. 돈황군은 그보다 다소 늦은 기원전 1세기 초에 설치되었지만 왕조교체기 등의 시기에 중국 내지가 정치적·사회적 혼란에 빠지자 돈황과 중앙 사이의 연락이 두절되었습니다. 또한 양주의 동부 일대에서 일어난 강족 등 비한족의 반란을 수습할 수 없게 되자 중앙정부는 그 지역 전체를 방기하려는 방안까지 고려하기도 하였습니다. 역대 왕조에게 하서는 풍요로운 땅인 동시에 원주민인 비한족이 거주하고 있었기 때문에 통어하기 어려운 지역이기도 했습니다.

이런 상황에서 가장 서쪽 끝에 위치한 돈황이 제일 먼저 연락이 끊어지리라는 것은 충분히 상상할 수 있습니다. 그러나 돈황의 명족은 신·후한 교체기의 두융과 오호십육국시대의 전량정권을 적극적으로 지지했습니다. 특히 전량은 돈황의 명족이 지탱했다고 해도 과언이 아닙니다. 또한 서량정권은 정말로 '돈황독립정권'이었는데 이것도 3세기 초의 장공이나 3세기 후반의 영호풍과 영호굉 형제에게서 그 실마리가 보입니다. 이들 셋의 공통점은 누구든지 돈황 명족들의 지지를 얻어 정무를 맡아 집행했다는 것입니다. 실현이야 되지 않았지만 서위시대의 영호정도 마찬가지 사례에 속합니다.

군 규모의 지역사회에서 명족의 성장이나 대두는 돈황에만 한정된 것은 아니며 중국세계에서는 후한 무렵부터 보편적으로 보이는 현상이었습니다. 그런 가운데 돈황에서는 그 명족들이 어느 시대든지 통치자에게 협조하였습니다. 이것은 다른 하서 지역에서는 보이지 않는 돈황만의 특징입니다. 더구나 주천이나 장액에서는 명족이 중앙에서 파견된 군태수를 폐립하고 살해하여 권력을 탈취했을 뿐만 아니라 같은 군의 명족 내부에서도 분쟁이 일어나기도 했습니다. 명족들의 협조로 높은 자치성과 자립성을 갖추었던 돈황은 다른 군과는 명확하게 선을 긋고 있었다고 할 수 있습니다.

그 원인 가운데 하나가 역시 중국세계의 가장 서쪽 끝에 위치하기 때문에 얻게 되는 동서교역의 이익일까요? 3세기 초 장공이 군정을 장악하던 시기에 중앙아시아에서 온 상인이 돈황에서 나갈 길이 막히자 명족들이 거대한 이익을 얻게 되었습니다. 명족들은 상인에게서 반강제적으로 상품을 싸게 사서 그것을 내지 사람들에게 비싼 가격으로 팔았을 것입니다. 또한 하서 일대를 지배하고 있던 북량정권의 불법행위를 북위가 엄하게 규탄했을 때 북량은 북위에게 신하로서 복종했으면서도 중앙아시아에서 온 상인이 북량의 영내를 통하여 북위 영내로 가는 것을 방해하고 상인에게 무거운 세금을 징수하였습니다. 돈황, 그리고 하서 전 지역에서는 중앙아시아로부터 중국 내지로 향하던 상인의 통행을 방해하여 이익을 챙겼던 것입니다. 돈황 혹은 하서지역과 중국 내지 사이의 연락이 두절된 것이 이 지역 사람들에게는 중앙아시아 상인이 찾아오는 한, 이익을 독점할 수 있는 좋은 기회였던 것은 아닐까요! 상상력을 더욱 발휘해 보면 하서지역이나 돈황에서 자립을 도모하려는 움직임의 배경에는 이러한 교역상에서 얻을 수 있는 이익을 독점하고 싶다는 동기가 잠재해 있었을 가능성도 있습니다. 하서지역 가운데서도 특히 돈황의 명족들이 전량정권을 지지했던 것도 이런 측면에서 수긍할 만하지만 지금으로서는 그 가능성을 지적하는 것에서 그치고자 합니다.

제1장

돈황의 고묘군

고묘군과 묘의 개관

　돈황을 방문하는 사람들은 대부분 돈황공항에 내리면 여기에
서부터 차나 버스로 시가지로 들어가는 코스를 취할 것입니다.
이 공항이야말로 거대한 고묘군 위에 지어진 것입니다. 또한 안
돈공로(安敦公路)를 달리는 차나 버스에서 진행 방향의 서편(방

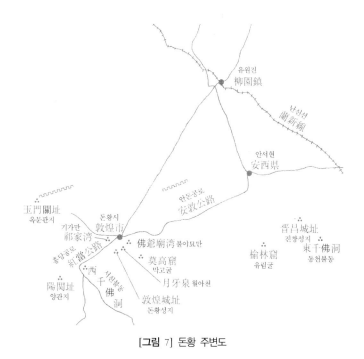

[그림 7] 돈황 주변도

위로는 남쪽입니다)의 자갈지대로 눈을 돌리면 작은 분구가 여기저기 쌓여 있는 것을 잘 볼 수 있습니다. 실제는 그 하나하나가 무덤입니다. 그중에는 공물이나 꽃을 바친 묘도 있는데 이것은 비교적 최근에 조영된 것입니다. 공항에서 시가지까지는 10km도 채 안 되지만 묘지를 따라서 길이 뻗어있다고 해도 과언이 아닙니다. 공항에서 시가지까지, 즉 시가지 동쪽에 위치한 묘들을 이 책에서는 동교묘(東郊墓)라고 총칭하고자 합니다.

동교묘 가운데 공항과 그 주변의 묘지는 인근 촌락의 명칭을 따서 신점대고묘군(新店臺古墓群)이라고 부르고 있습니다. 또 시가지에서 가까운 묘지 역시 촌락의 명칭을 좇아 불야묘만고묘군(佛爺廟灣古墓群)이라고 합니다[그림 8]. 신점대고묘군은 1982년에 공항이 생기면서부터 기장고묘군(機場古墓群)이라고 불린 적도 있었지만 언제부터인가 동교묘 전체를 통틀어 불야묘만고묘군이라고 부르고 있습니다.

이제 시가지를 벗어나 홍당공로(紅當公路)를 타고 공항과는 반대 방향으로 나가보도록 하겠습니다. 당하를 건너 강기슭 근처에 있는 옛 돈황성 유지를 지나쳐 가면 도로의 오른편(방위로는 북쪽입니다)에 드넓은 고비사막 가운데 작은 분구가 많이 보입니다. 이것이 기가만고묘군(祁家灣古墓群)입니다[그림 9]. 신점대고묘군이 공항 건설로 파괴되었듯이 기가만고묘군도 석유 콤비나트 시설 건설 때문에 중요한 부분이 파괴되었지만 최근에는 홍당공로의 왼편쪽(방위로는 남쪽입니다)에서도 발굴이 진

[그림 8] 불야묘만고묘군

[그림 9] 기가만고묘군

행되고 있다고 합니다. 이 책에서는 기가만고묘군을 서교묘(西郊墓)라고 지칭하여 동교묘와 구별하고자 합니다[그림 10].

그런데 왜 동서 양쪽 교외에 대규모의 묘지가 조영된 것일까요? 그 해답도 사실은 진묘병 속에 이미 담겨 있습니다. 진묘병의 배 부분에 쓰인 진묘문에 피장자의 성명과 함께 본적(본관)이 기록되어 있기 때문입니다.

이에 따르면 동교묘 가운데 신점대고묘군은 돈황현이 아니라 효곡현의 동향(東鄉)과 서향(西鄉) 소속 사람들의 묘지였다는 것을 알 수 있습니다. 효곡현은 돈황현에 인접한다고 했듯이 그

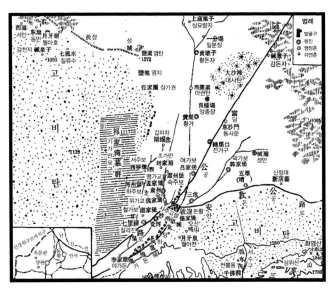

[그림 10] 기가만고묘군 위치도

동북에 위치하였다고 여겨지는 작은 현입니다. 이에 비하여 같은 동교묘에서도 불야묘만고묘군은 돈황현의 동향 소속 사람들의 묘지입니다. 한편 서교묘의 기가만고묘군은 돈황군 가운데 동향 이외의 향, 즉 도향(都鄕)과 서향 사람들의 묘지였습니다 [關尾史郎 2007]. 따라서 신점대고묘군과 불야묘만고묘군은 가까이 붙어있지만 구별하여 고찰해야 합니다. 단지 이 책에서는 혼란을 피하기 위하여 묘는 신점대고묘군에 있지만 매장자의 소속 지역 때문에 불야묘만고묘군에 포함해야 하는 6기의 묘에 대해서는 고묘군의 명칭을 붙이지 않고 번호만을 표기하고자 합니다.

이들 묘지에 매장된 사람들은 어떤 계층에 속했던 것일까요? 묘지는 생활공간과 생산공간을 둘러싸듯이 위치하고 있고 한편으로는 자갈지대가 널리 펼쳐져 있기 때문에 묘를 조영하기 위해 토지를 입수하는 데 막대한 경비가 필요하지는 않았을 것입니다. 그렇다고 해서 누구라도 자유롭게 마음대로 묘를 조영할 수 있었을 것이라고도 생각하지 않습니다. 토지를 입수하는 것은 간단하다고 할지라도 묘를 조영하고 더욱이 시신과 함께 매장할 부장품을 준비해야만 하기 때문입니다. 이를 위해 일정한 경제력이 필요하지 않았을까요! 몇 가지 구체적인 예를 들어 살펴보도록 하겠습니다.

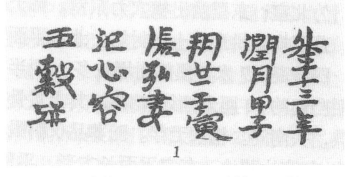

[그림 11] 「前涼升平十三年(369) 閏正月氾心容鎭墓文」(一) (模本)

① 「전량승평십삼년(369)윤(정)월범심용진묘문(前涼升平十三年(369)潤(正)月氾心容鎭墓文)」(일) (60DXM1: 26. 녹문: [敦煌文物研究所考古組 1974:198, 關尾史郎(編) 2005:56]) 해석의 [ ] 안의 문자는 이 책에서 보충한 것이고 < > 안의 문자는 정자를 각각 표기한 것입니다. 이하에서도 같습니다) [그림 11]

승평십삼년(升平十三年)	승평 13년의
윤월갑자(潤月甲子)	윤<閏>[정(正)]월 갑자가
삭입일임인(朔廿一壬寅),	삭일로 21일인 임인날에 [세상을 떠났다]
장홍처(張弘妻)	장홍의 아내인
범심용(氾心容)	범심용의
오곡병(五穀甁).	오곡병.

이것은 1960년 10월에 신점대고묘군의 1호묘에서 출토된 진묘병[그림 12]에 묵서로 쓰인 것입니다. 진묘병을 '오곡병'으로 부르는 것을 알 수 있는데 간략한 돈황의 진묘문 가운데에서도 특히 짧은 것입니다. 피장자는 장홍의 부인 범심용인데 그녀의 유물로 세 점 정도가 출토되었습니다.

[그림 12] 「前涼升平十三年(369) 閏正月氾心容鎮墓瓶」(一) (模本)

이 신점대 1호묘는 20m에 이르는 긴 묘도(墓道)가 있는 묘이며 다른 4기의 묘와 함께 묘역을 이루고 있습니다. 1호묘를 포함한 5기의 묘는 같은 일족의 묘라고 추측할 수 있습니다. 부인은 남편의 묘에 합장되었기 때문에 이것은 장씨 일족의 묘군이라고 생각합니다. 장씨는 틀림없이 유력한 일족이었을 것입니다. 또한 범심용의 시신 머리 부근에는 정교한 금장식과 장식품의 일부로 여겨지는 구멍 뚫린 운모(雲母) 조각이 놓여 있었습니다[敦煌文物硏究所 考古組 1974:197 도판 柒3]. 아마 그녀의 남편은 353년 전진(前秦)과의 전투에서 패하여 죽은 전량의 장군 장홍일 것으로 추측됩니다. 이 사건은 범심용이 죽기 16년 전에 일어난 것이지만 그는 사서에도 이름이 나오는 인물입니다. 그렇다면 합장용 묘에 그녀만 매장되어 있는 사정도 납득할 수 있습니다.

[그림 13] 위평우(魏平友) 부부를 그린 화상전

　장씨도, 범씨도 돈황의 명족으로 알려진 일족이었습니다. 덧붙여 장홍은 전량정권에 장군으로 출사하였습니다. 진묘문 자체는 사실 간략하지만 이러한 명족의 묘가 조영되었던 것입니다.

　또 하나의 예로 이번에는 1985년 기가만고묘군 369호묘에서 출토된 화상전(畵像磚, 85DQM369:12)을 살펴보고자 합니다[그림 13].

이것은 한 변이 약 35cm인 방형으로 묘실의 뒷벽 앞에 세워져 있었습니다. 상하 두 단으로 나눠져 있는 화면의 상단에는 피장자로 여겨지는 부부상이 묘사되어 있습니다. 이 묘에서 세 점이나 되는 「서량건초십일(415)년십이월위평우진묘병(西涼建初十一(415)年十二月魏平友鎭墓甁)」(85DQM369:6, 9, 불명)이 출토되었기 때문에 화상전에 묘사된 인물이 위평우 부부라는 것을 알 수 있습니다. 상단 오른편에 그려진 피장자, 즉 위평우 부부는 관을 쓰고 긴 옷을 몸에 두른 채 앉음새를 바로잡고 있습니다. 그리고 잘 보이지 않지만 상단 왼쪽에는 시녀가 음식을 준비하고 있습니다. 또한 하단에는 소가 끄는 수레가 그려져 있고 중앙에는 채찍을 쥐고 소를 모는 사람이 있습니다. 그 왼쪽에는 말을 탄 사람과 새가 그려져 있습니다. 이것으로 볼 때 상단에는 피장자 부부의 생활도를, 또한 하단에는 출행도를 그린 것으로 생각합니다. 유감스럽게도 위평우가 쓰고 있는 관의 형태가 분명하지 않아 관인으로서 그의 구체적인 직위까지는 알 수 없습니다. 또한 함께 출토된 진묘문에도 '돈황군돈황현서향(敦煌郡敦煌縣西鄕)'이라는 본적 이외에 그의 신분이나 직위와 관련된 정보는 없습니다. 그러나 단실이면서 작은 감실(龕室)이 파져 있는 이 묘의 구조는 기가만고묘군에 있는 어떤 다른 묘에 비교해도 결코 뒤떨어지지 않습니다. 무엇보다도 시녀와 몰이꾼을 함께 그려 넣었기 때문에 위평우가 일반 민호와는 다른 높은 신분의 존재인 것만은 틀림없습니다.

이처럼 돈황의 고묘군에 매장된 사람들에는 토착 명문 출신자를 비롯하여 관리로 출사한 사람이나 그 가족이 포함되어 있습니다. 오히려 그들이 절반 이상을 차지하는 것 같습니다. 한편, 진묘문에는 피장자의 성명에 단지 '민(民)'이라고만 쓰거나 성인 남녀를 의미하는 '대남(大男)', '대녀(大女)'라고 쓴 사례가 몇 개 있습니다. 이것은 피장자가 일반 민호라는 것을 의미합니다. 따라서 위로는 사서에도 나오는 명문 출신자부터 아래로는 이름도 알려지지 않은 일반민까지 동교묘, 서교묘에 매장되었다고 할 수 있습니다.

기가만고묘군의 보고서에서는 소형묘의 피장자를 경제상황이 좋지 않은 '평민'과 '빈민'이라고 보고 있습니다[甘肅省文物考古硏究所(編) 1994]. 확실히 기가만고묘군 202호묘 등은 대표적인 소형묘로 한 사람의 시신을 겨우 안치할 수 있을 정도의 묘실을 갖추고 있습니다. 보고서에서는 이런 형태의 묘를 도형묘(刀型墓)라고 불렀습니다. 묘도를 칼자루에, 묘실을 칼날에 비유한 것입니다. 이 묘에서 출토된 부장품도 세 점의 도기와 목제 빗이 전부입니다[그림 14]. 그러나 '평민'은 일반 민호와 같은 뜻이라고 해도 '빈민'은 무엇을 의미할까요? 가난의 정도에 대한 문제가 있을 수 있지만 의문이 드는 것은 어쩔 수가 없습니다.

돈황지역이 전한(前漢)왕조의 지배하에 들어가면서 돈황군이 설치된 기원전 1세기부터 21세기인 현재까지 교외 각지에 묘지가 조성되었는데 이 책에서 다루는 고묘군과 그에 대한 개요는

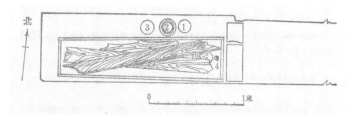

[그림 14] 돈황·기가만 202호묘의 평면도(①, ②, ③-도기, ④-나무빗)

이상과 같습니다. 그렇다면 3세기부터 5세기 전반에 이르는 시기에 돈황 일대에서는 어떤 묘가 조영되었을까요? 앞서 언급했던 기가만고묘군 202호묘는 소형이지만 이를 포함하여 돈황 일대의 묘 전체를 살펴보도록 하겠습니다.

위·서진시대부터 오호십육국시대에 이르기까지 돈황을 비롯한 하서지역의 묘 구조에 대해서는 장소주(張小舟)의 연구[張小舟 1987]가 참고할 만합니다. 장소주는 하서지역과 투루판을 '서북지구'라 하며 황하 중류지역과 그 인접지대인 '중원지구', 그리고 현재 요녕성을 중심으로 하는 '동북지구'의 묘 및 부장품과의 비교를 시도하였습니다. 우선 '서북지구'에서 볼 수 있는 묘를 (ⅰ) 전실(前室)·중실(中室)·후실(後室) 등 셋으로 구성된 전실묘(磚室墓), (ⅱ) 전실과 후실로만 이루어진 쌍실구조의 전실묘, (ⅲ) 단실구조의 전실묘·토갱묘(土坑墓), 그리고 (ⅳ) 소형의 토갱묘 등 크게 네 가지 형태로 나누었습니다. 신점대고묘군 1호묘와 기가만고묘군 369호묘는 (ⅲ)에 해당하고 기가만고묘군 202호묘는 (ⅳ)에 속합니다.

그리고 장소주는 부장품의 조합을 통해서 제1기는 2세기 말~
250년대, 제2기는 260년대~3세기 말, 제3기는 4세기 초~5세
기 중엽이라고 시대구분을 하였습니다. 제1기에는 (ⅰ)~(ⅲ)과
(ⅳ)의 일부가 조영되었고 제2기에는 (ⅰ)은 없어지고, (ⅱ)의 일
부와 (ⅲ), (ⅳ)가, 그리고 제3기에는 역시 (ⅲ)을 중심으로 (ⅱ)
의 일부와 (ⅳ)가 조영되었다고 합니다. 간단히 말해서 약 250
년 사이에 묘가 점차 소형화되고 간소화되었던 것입니다. 그 가
운데 묘의 입구인 묘문 위에 벽돌을 쌓아올린 조벽(照壁)은 제1
기보다도 제2기가 되면서 높고 커지게 되고 화상전이 출현하였
다고 합니다. 또한 제3기에 들어서면 묘실 내부에 벽화와 아울
러 진묘병이나 부장품 목록인 수장의물소(隨葬衣物疏) 등을 두루
묻어 놓았다고도 합니다.

장소주는 또한 이러한 묘의 소형화·간소화나 부장품의 변화
는 이 지역에서만 확인되는 추세는 아니며 먼저 '중원지구'에서
나타난 현상이 당시 복잡한 정치적 동향과 얽혀서 주변 두 지
역에 파급되었다고 보고 있습니다.

확실히 기가만고묘군에만 한정하더라도 묘의 소형화·간소
화(정확히 말하자면 쌍실묘의 소멸)는 분명한 듯한데 소형묘의
예로 제시한 202호묘도 330~350년대의 것으로 비정하고 있습
니다. 다만 이런 추세의 배경에 있는 사회적 혹은 문화적 요인
에 대해서는 앞으로 검토할 필요가 있습니다. 또한 무엇보다도

60

장소주의 주장은 투루판을 포함하는 '서북지구'라는 광범한 지역을 대상으로 했기 때문에 돈황의 독자성에 대해서는 별도로 고찰할 필요가 있습니다. 이 문제는 다음 항목에서 언급하고자 합니다.

고묘군의 조사와 연구

여기에서는 동교묘와 서교묘에 관한 조사와 연구의 역사를 돌이켜 보고자 합니다.

돈황 교외에 위치한 고묘군은 연구자들 사이에서 일찍부터 주목을 받았습니다. 그중에서도 불야묘만고묘군에 대해서는 이미 중일전쟁 중인 1944년에 역사어언연구소(歷史語言研究所)가 조직한 서북과학고찰단의 역사고고조가 발굴조사를 진행했습니다. 이 당시 조사에는 전후에 중국 고고학계를 주도하게 되는 하내(夏鼐)와 염문유(閻文儒)라는 연구자들이 참가하여 5개월에 걸쳐 조사한 뒤 저마다 귀중한 기록을 남겼습니다.

이때 조사를 통해 약 30기의 묘가 발굴되었는데 절반 이상이 서진에서 오호십육국시대까지의 묘이고 그중 몇 개의 묘에서 진묘병의 파편이 출토되었습니다. 또한 화상전도 출토되었을 터이지만 그 상세한 내용은 오랫동안 밝혀지지 않았습니다. 그런데 최근에 들어서 화상전이 막고굴의 제143굴 속에 원형에 가까운 형태로 보존되어 있다는 정보가 전해졌습니다[郭永利·楊惠福 2007]. 이 정보를 접한 우리들은 신속하게 허가를 받아 2009년 여름에 제143굴에서 묘문의 조벽 형태로 보존되어 있는 화상전을 관찰할 기회를 다행히 가질 수 있었습니다. 시간이 부족하여 정밀한 조사는 할 수 없었지만 화상전을 많이 사용하여 만든 훌륭한 조벽이었습니다[北村永 2010B].

전쟁이 끝난 후 얼마 지나지 않아 현지 돈황현박물관(현 돈황시박물관)과 감숙성문물고고연구소 등이 발굴조사를 진행하였는데 정력적인 조사활동의 결과 신점대고묘군, 불야묘만고묘군, 그리고 기가만고묘군 모두에서 진묘병과 화상전이 출토되었습니다. 주요한 발굴조사에 대해서는 고고학 관련 학술잡지에 보고가 게재되기도 했고 매년 간행되는 『고고학연감』에 간단한 속보가 실렸기 때문에 일본에 있는 연구자들도 조사의 대강 및 그 진행 상황을 파악할 수 있었습니다. 그 외에 감숙성문물고고연구소가 주도하여 진행한 1985년 8월부터 11월까지 기가만고묘군의 발굴조사와 1995년 6월부터 11월까지 신점대고묘군 일부의 발굴조사에 대해서는 각각 정식 보고서가 간행되었습니다 [甘肅省文物考古硏究所(編) 1994·1998]. 전자의 보고서에는 수많은 진묘병이 소개되었고 후자의 보고서에는 6기의 화상전묘(그 가운데 하나는 1987년에 발굴)가 소개되어 있습니다. 모두 꼭 필요한 자료집이라고 할 수 있습니다.

이상의 보고서, 보고, 그리고 속보 등을 바탕으로 정리하면 동교묘의 발굴조사는 1944년의 조사를 포함하여 9차례, 서교묘의 발굴조사는 2차례 등 모두 11차례 실시되었습니다. 그러나 이외에도 소규모 발굴조사가 주로 돈황시박물관에 의해 그야말로 일상적으로 이루어져 온 듯합니다. 그것은 박물관 소장품 사진을 수록한 도록[敦煌市博物館(編) 2002]에, 지금까지 전혀 그 존재가 알려지지 않았던 화상전 사진이 많이 게재된 것에서 잘 알 수 있습니다. 그 대부분은 불야묘만고묘군에서 출토되었다는 사실을 2009년 여름에 발굴을 담당한 박물관 관계자로부터 전해들을 수 있었습니다. 홍당공로 왼편에 있는 기가만고묘군의 발굴조사도 마찬가지여서 일본에서는 어떻게 하더라도 파악할 수 없는 정보가 꽤 있을 것입니다.

그렇다면 이러한 고묘군은 지금까지 어떠한 각도 혹은 관점에서 연구가 진행되어 왔을까요? 결론부터 말하자면 고묘군이나 고묘는 물론, 부장품에 대해서도 진묘병과 화상전 등 특정한 것을 제외하면 연구 성과를 정리할 만한 것은 없습니다.

'서북지구' 전반에 걸쳐서 묘의 구조에 따른 분류와 시기 구분을 시도한 장소주의 연구[張小舟 1987]에 대해서는 앞서 소개하였지만 돈황의 독자성을 살펴보고자 하면 그다지 참고할 만하지 않습니다. 기가만고묘군의 보고서[甘肅省文物考古研究所(編) 1994]에는 기가만고묘군에 속하는 묘의 시기 구분과 관련하여 장소주의 연구에 대한 언급이 전혀 없기 때문입니다. 확실히 동교묘와 서교묘 가릴 것 없이 돈황에서는 전실묘는 손꼽을 수 있을 정도로 그 수가 적고 실제 대다수가 토갱묘입니다. 불야묘만고묘군에 한정된 데이터이지만 은광명(殷光明)에 의하면 전실묘는 전체 가운데 약 1.6%에 지나지 않는다고 합니다[殷光明 2006]. 따라서 묘실의 수도 적고 거의 대부분이 단실묘입니다. 즉 장소주의 분류에 대입하면 (iii)과 (iv)가 대부분이고 (ii)가 약간이며 (i)은 거의 없는 상황입니다. 게다가 (ii)의 대부분은 토갱묘입니다. 돈황의 묘 구조를 고찰할 때 장소주의 주장을 기준으로 삼지 않은 것도 타당하다고 하겠습니다.

그렇다면 기가만고묘군은 어떻게 시기 구분을 할 수 있을까요? 보고서를 참고하여 좀 더 상세하게 살펴보도록 하겠습니다.

기가만고묘군에서는 뒤에서 서술하듯이 많은 진묘병이 출토되었습니다. 그 진묘문 가운데 기년(紀年)이 명기된 것도 적지 않습니다. 이것은 묘의 절대 연대를 확정하는 데 유력한 근거가 됩니다. 진묘문의 기년은 서진 함녕(咸寧) 2년(276)부터 북량(北涼) 현시(玄始) 9년(420)까지 이릅니다. 따라서 기가만고묘군에 속하는 묘가 조성된 기간은 약 150년 사이로 수렴되는 듯합니다. 또한 기가만고묘군에는 같은 묘역에 조영된 일족묘가 23곳 정도 있습니다. 조영의 규칙성을 확인할 수 있다면 일족묘 사이의 전후 관계도 명확해질 것입니다.

이런 내용을 단서로 하여 보고서에서는 부장된 도기의 종류나 수량 등을 근거로 두 시기로 크게 구별하였습니다. 더 나아가 제1기를 두 단계로 나누었고 제2기는 세 단계로 세분하였습니다. 구체적으로 말하면 제1기는 서진시대에 해당하며 제1단계는 3세기 말까지이고 제2단계는 4세기 초에서 전량 초기, 즉 321년 전후까지입니다. 뒤이은 제2기는 오호십육국시대에 해당하며 제1단계는 4세기 중엽, 즉 전량 중기까지이고 제2단계는 늦어도 368년 무렵부터 377년 무렵, 즉 전량 말기까지이며 마지막 제3단계는 4세기 말부터 420년, 즉 북량·서량의 지배기까지가 됩니다.

두 시기로 크게 나눈 근거는 서진시대에서 오호십육국시대로 이행하면서 부장품인 각종 도기의 기형이 변모한다는 것과 동시에 그 조합에서도 변화가 보인다는 것입니다. 이런 변화보다도 도기 모두가 소형화되고 또한 조악해지면서 그 가운데에는 굽지도 않고 진흙 그대로를 말려 만든 도기가 출현한다는 점이 주목할 만하다고 지적되고 있습니다. 이런 현상이 왜 나타났을까요? 낙양이나 장안 등 중원지역, 즉 내지에서는 조조가 반포한 박장령(薄葬令)의 결과, 일찍부터 묘 구조나 부장품도 간소화하였습니다. 이에 비하여 하서지역에서도 가장 서쪽에 있는 돈황에는 박장령의 영향이 미치지 않았지만 4세기 초에 발생한 팔왕의 난 등 혼란을 피하여 유민이 내지에서 하서지역으로 유입한 결과 돈황에도 중원의 간소한 묘장 형식이 보급되었다고 합니다.

그러나 이러한 보고서의 설명에는 여전히 검토할 여지가 남아있습니다. 4세기 전반 전량시대에는 유민의 정착지가 오늘날 청해성에 해당하는 황하의 본류 지역이나 황수(湟水)유역을 제외하면 아직 하서지역의 동부, 즉 무위나 장액 주변에 모여 있어 가장 서쪽에 있는 돈황에는 거의 미치지 않았다고 생각하기 때문입니다[關尾史郎 1980].

또한 보고서에서는 기가만고묘군을 앞서 언급한 대로 시기를 구분하면서 동시대의 다른 지역의 고묘군과 비교하였습니다. 이에 대해서도 논지 전개에 필요한 범위 내에서 간단히 언급하고자 합니다.

우선 중원지역에서는 서진시대에 이미 단실구조의 전실묘(십육국시대가 되면 토갱묘가 일반적으로 조성됩니다)가 주요한 형식이 되었습니다. 이 때문에 기가만고묘군보다도 선행한다는 점, 또한 묘지(墓誌)는 있지만 기가만고묘군을 비롯하여 돈황에서 많이 출토되는 진묘병이 거의 보이지 않는다는 점 등이 지적되었습니다. 다음은 하서에 속하는 지역과의 비교입니다. 최초로 양주(凉州)의 주 치소가 설치된 곳은 무위인데 주 치소가 설치되었고 내지와 거리가 가까워서 이 지역에서는 대체로 내지의 부장 형식의 영향이 강하다고 합니다. 하지만 목독(木牘)이나 수장의물소가 출토되고 있다는 설명은 주목할 만합니다. 또한 같은 양주 안에서도 특히 돈황 가까이에 있는 주천의 서구고묘군(西溝古墓群)이나 가욕관(嘉峪關)의 신성고묘군(新城古墓群) ─ 모두 일찍이 주천군 녹복현(祿福縣)의 묘지였습니다 ─ 과 비교하면 토갱묘 중심의 돈황과는 대조적으로 두 지역에는 대부분이 전실묘이고 묘문 위에는 높고 큰 조벽이 있으며 묘실 내부에는 많은 벽화[전화(磚畵)를 포함하고 있는 것으로 생각합니다]가 있지만 반면에 피장자의 시신 가까이에 진묘병을 두는 습속은 거의 볼 수 없다고 합니다. 마지막으로 서쪽의 투루판에 있는 아스타나·카라호자고묘군[고창군(高

昌郡) 고창현(高昌縣)의 묘지]과 비교하기도 합니다. 이 지역에서 나타나는 묘장 형식의 변화는 돈황보다 훨씬 뒤에 일어난다는 점, 주요한 부장품은 도기가 아니라 목기라는 점, 종이로 만든 수장의 물소가 함께 묻혔다는 점 등이라고 합니다.

이와 같이 요약해 보면 진묘병의 유무나 많고 적음이 다른 지역의 고묘군과 비교할 때 중요하다는 것을 알 수 있습니다. 보고서에는 또한 같은 기가만고묘군에서도 제1단계에서는 진묘문은 긴 문장으로 여전히 후한 말 중원지역의 것과 비슷한 문장구조이지만 제2단계가 되면 진묘문의 용어가 획일화된다는 지적도 있습니다. 또한 보고서의 결론 부분에서도 기가만을 비롯한 돈황의 고묘군의 특징 중 하나로 진묘병을 들었고 진묘문의 서체도 서진 초기의 예서 유풍이 남아 있다가 점차 해서나 행서 등으로 변화하였다고 설명하였습니다. 그리고 진묘문은 민간에 유포하고 있던 '미신의 산물'이지만 그 배후에는 돈황에서 성행한 '황로(黃老)의 학'[황제(黃帝)와 노자를 시조로 하는 정치사상·처세술]이나 '노장(老莊)의 학'(노자나 장자 등 도가사상을 연구하는 학문)의 영향이 있었다고 추측하였습니다. 또한 진묘문의 일부에서 불교의 영향을 찾을 수 있다는 지적도 있습니다. 이처럼 보고서가 진묘병과 진묘문에 대하여 언급한 것은 적지 않지만 이 가운데 중요하다고 생각되는 논점에 대해서는 다음 장에서 새롭게 검토하고자 합니다.

그런데 기가만고묘군의 발굴조사가 이루어진 지도 이미 25년 정도 되었습니다. 보고서가 간행된 지도 14년이 지났습니다. 그 사이 돈황을 비롯한 하서지역에서도, 그리고 중원지역에서도 고고학은 두드러진 성과를 거두었습니다. 따라서 이 보고서가 제시한 결론에도 재검토가 계속 요구되고 있습니다. 특히 각종 도기의 기형이나 조합에 의한 편년에 대해서 시라이시 노리유키(白石典之)가 새로운 안을 제시하였습니다[白石典之 2007]. 많은 진묘문에는 기년이 기록되어 있어 문제가 생길 여지가 없지만 기년이 빠진 진묘문, 그리고 대부분 화상전에 대한 연대 비정은 묘의 구조와 함께 출토된 도기 등 부장품에서 유추할 수밖에 없습니다. 따라서 다음에서는 이 문제를 유념하면서 논지를 전개하려고 합니다.

그렇다면 새로운 장으로 옮겨 진묘병을 검토해 보겠습니다.

제2장

진묘병

이 장에서는 측면에 쓰인 진묘문의 문장구조를 중심으로 진묘병에 대해 검토하고자 합니다. 최근 발굴조사 결과 전한시대의 진묘병도 출토되었지만 측면에 새겨 넣은 문장은 피장자의 안녕을 기원한다고 보기 어려운 것 같아 역시 후한시대인 1세기 후반의 진묘병부터 검토 대상으로 하고자 합니다.

후한시대의 진묘병은 이미 태평양전쟁 전부터 일부 연구자들이 주목했습니다. 도쿄의 다이토(台東) 구립 서도(書道)박물관에는 서도가 나카무라 후세츠(中村不折; 1866~1943)가 태평양전쟁 전에 수집한 진묘병이 전시되어 있습니다. 그러나 본격적인 연구가 시작된 것은 발굴조사를 통해 점차 각지에서 진묘병이 출토되었던 태평양전쟁 이후입니다. 현전하는 모든 진묘병을 모으는 작업은 더욱 더디게 진행되다가 최근에야 겨우 완료되었습니다. 유소서(劉昭瑞)와 스즈키 마사타카(鈴木雅隆)의 뛰어난 성과가 나왔습니다[劉昭瑞 2001, 鈴木雅隆 2007]. 또한 진묘병을 집성하는 작업에 주력하면서 진묘문의 배후에 존재하는 종교의식을 해명하려는 장훈료(張勳燎), 백빈(白彬) 두 사람의 의욕적인 공동성과도 등장하였습니다[張勳燎·白彬 2006]. 이에 대해 종교학의 입장에서 비판을 한 이케자와 마사루(池澤優)의 논고[池

澤優 2008]도 필독할 만합니다.

　그러나 장훈료·백빈 두 사람의 연구 외에는 모두 후한시대의 진묘병을 주요 대상으로 삼았기 때문에 돈황 출토의 진묘병은 처음부터 분석대상에서 제외하고 있습니다. 돈황의 진묘병이 서진·오호십국시대에 집중되어 있어 시기적으로 단절될 뿐만 아니라 진묘문의 문장구조나 진묘병의 기형도 후한시대 진묘병과 크게 다르기 때문입니다. 집성 작업에 몰두한 스즈키 마사타카는 '후한형진묘병'·'돈황형진묘병'이라는 구분을 주장하고 있습니다. 구체적인 차이점은 나중에 설명하기로 하고 이 책에서도 스즈키 마사타카의 구분에 따라 '후한진묘병'·'돈황진묘병' 및 '후한진묘문'·'돈황진묘문'라는 표현을 사용토록 하겠습니다.

　한편 돈황을 비롯하여 서역지역에서 출토된 3세기 이후 진묘병에 대해서도 이미 왕소(王素)·이방(李方) 두 사람, 그리고 와타베 다케시(渡部武) 등이 집성을 시도하였습니다[王素·李方 1997, 渡部武 1999]. 그러나 이 연구 성과들은 진묘병만을 대상으로 한 것이 아니어서 저도 독자적으로 집성을 시도한 적이 있습니다 [關尾史郎(編) 2005, 關尾史郎 2006B]. 그 뒤 장훈료·백빈 두 사람이 새로운 진묘병 몇 점을 소개하여 저의 집성 작업에 보완해야 하지만 다행히 이 집성을 이용한 연구 성과도 나와 가치를 인정받고 있는 듯합니다. 이 책에서도 이 집성의 성과를 바탕으로 진묘병에 대한 이야기를 진행하고 싶습니다. 그러나 유감스럽게도 출토된 진묘병이 모두 공개된 것은 아닙니다. 감숙성의 성도 난주(蘭州)에 있는 감숙성문물고고연구소의 수장고에는 요 몇 해 사이에 돈황에서 출토된 진묘병이 200점 이상 수장되어 있습니다[市來弘之(整理) 2009].

3세기 이후 진묘병은 서안(西安)이나 낙양(洛陽) 등 내지에서도 여전히 출토되고 있지만 이 진묘병에 쓰여 있는 진묘문은 스즈키 마사타카의 '후한형진묘문'이라는 계보의 연장선에 있는 것이기에 이 책에서는 검토 대상에서 제외했습니다.

진묘병의 출토상황

　　돈황의 고묘군에서는 동교묘의 신점대고묘군, 불야묘만고묘군, 서교묘의 기가만고묘군 등 세 고묘군 모두에서 진묘병이 출토되었습니다. 특히 정식 보고서[甘肅省文物考古研究所(編) 1994]가 간행된 기가만고묘군에 대해서는 비교적 상세한 출토상황을 알 수 있습니다. 각종 발굴보고를 바탕으로 출토상황을 고묘군마다 정리한 것이 [표 1]입니다. 참고로 돈황이나 하서지역에만 한정하지 않고 장소주의 연구를 따라서 '서북지구'에 속하는 감숙성, 청해성 두 성의 위·서진시대와 오호십육국시대의 상황을 아울러 표시하였습니다. 같은 '서북지구'인 신강위구르자치구에서는 한 점 이외에 출토사례는 아직 확인되지 않고 있습니다.

　　돈황에서는 [표 1]에 제시된 진묘병 이외에도 수많은 진묘병이 출토되었지만 유감스럽게도 발굴보고가 아직 간행되지 않아 상세한 내용을 알 수 없어 이 표에는 표시하지 않았습니다. 다만 이 가운데 1987년에 불야묘만고묘군 혹은 신점대고묘군에서 출토된 15점은 장훈료·백빈 두 사람이 소개한 바 있습니다[張勳燎·白彬 2006]. 또한 이 세 고묘군 이외 지역을 발굴한 결과에 대해 상세한 내용은 밝혀지지 않았지만 삼호교(三號橋)와 삼위산(三危山)에서 각각 한 점씩 출토되었다는 보고가 있습니다.

돈황 이외에도 무위의 한탄파고묘군(旱灘坡古墓群, 약칭기호는 WHM입니다)에서 출토되었다는 사례가 있다고 하지만 상세한 것은 전혀 알 수 없습니다.

[표 1] 서북지구(감숙성·청해성)의 고묘군별 진묘병 출토현황

고묘군(발굴연도·약칭번호)	성(省)·시현명 (市縣名)	구군(舊郡)·현명(縣名)	묘 총수/출토묘 수/진묘병 수	진묘문 출전
신점대고묘군 (60DXM)	감숙·돈황	돈황·효곡	2/1/3	[關尾史郎(編) 2005]
신점대고묘군 (82DXM)	〃	〃	46/16/32	〃
불야묘만고묘군 (44FYM)	감숙·돈황	돈황·돈황	21/6/7	[關尾史郎(編) 2005]
불야묘고묘군 (80DXM)	〃	〃	3/2/10	〃
기가만고묘군 (75DQM)	감숙·돈황	돈황·돈황	3/0/0	·
기가만고묘군 (85DQM)	〃	〃	117/41/89	[關尾史郎(編) 2005]
소륵하(疏勒河)고묘군(1998)	감숙·과주 (瓜州)	돈황·연천 (淵泉)?	10/2/2	[關尾史郎(編) 2006B]
신성(新城)고묘군 (72JXM)	감숙·가욕관	주천·녹복 (祿福)	5/2/2	[關尾史郎(編) 2005·2006B]
신성고묘군(73JXM)	〃	〃	3/0/0	·
신성고묘군(77JXM)	〃	〃	3/0/0	·
신성고묘군(79JXM)	〃	〃	2/0/0	·
서구(西溝)고묘군 (93JXM)	감숙·주천	주천·녹복	7/1/1	[關尾史郎(編) 2005]
토돈(土墩)고묘군 (2001)	감숙·고대 (高臺)	주천·표시 (表是)	23/1/1	[關尾史郎(編) 2006B]
상손가새(上孫家寨)고묘군(1973~1981)	청해·대통 (大通)	서평(西平)·장녕(長寧)	25/1/2	[關尾史郎(編) 2005]

참구(巉口)고고문 (80DCM)	감숙・정서 (定西)	남안(南安)・?	2/1/1	[關尾史郎(編) 2005]
우가만(于家灣) 고묘군(84CYM)	감숙・숭신 (崇信)	안정(安定)・로 (鹵)?	5/0/0	・
우가만고묘군 (86CYM)	〃	안정・로?	18/1/1	[關尾史郎(編) 2005]

※ 진묘병이 출토되지 않은 고묘군은 대상에서 제외하였음. 한 점이라도 출토된 고묘군에 대해서는 진묘병이 출토되지 않은 연도에 실행한 발굴조사의 사례도 아울러 게재하였음. 단 『고고학연감(考古學年鑑)』 등에 간략한 보고가 공표되기만 한 발굴조사에 대해서는 진묘병이 출토되었더라도 묘수 등 상세한 내용을 알 수 없기 때문에 제외하였음. 따라서 이 표에 표시된 것 이외에 돈황과 그 이외 지역에도 진묘병이 발굴된 사례가 약간 있음.

우선 이 표에서 알 수 있듯이 이미 발굴보고 등을 통해 소개된 것만으로 한정해도 돈황에서 출토된 사례가 141점이나 되어 다른 지역을 압도하고 있습니다. 그뿐만 아니라 후한시대에 중원에서 출토된 사례도 넘어서고 있습니다. 확실히 돈황에서는 기가만고묘군을 필두로 전체를 조사했기 때문에 발굴된 묘의 총수가 눈에 띄게 두드러집니다. 따라서 진묘병의 출토사례가 많은 것도 당연한 것입니다. 그러나 같은 서북지구에 속하는 신강위구르자치구에 있는 투루판의 아스타나・카라호자고묘군에서는 진묘병이 출토되었다는 보고는 전혀 없습니다.

앞서 서술했듯이 오호십육국시대인 327년 투루판에는 처음으로 고창군(高昌郡)이 설치되었습니다. 현재 고창고성(高昌故城)은 고창군의 현 치소인 고창현에 해당하지만 그 북쪽에 넓게 퍼져있는 아스타나・카라호자고묘군은 3세기 말부터 조영되기 시작하였습니다. 이곳에서는 1959년 이래 현재까지 발굴조사가 단속적으로 진행되고 있습니다. 서진・오호십육국시대의 묘는

22기(문자자료가 출토된 묘에만 한정한 수치입니다)인데 장송(葬送)에 사용된 것은 후술하듯이 종이에 쓰인 수장의물소입니다. 또한 감숙성 고대현(高臺縣)에 있는 낙타성지(駱駝城址)는 옛날 주천군 표시현(表是縣)입니다. 오호십육국시대에 이 지역은 인구가 증가한 결과 주천군에서 분리되어 건강군(建康郡)이 설치되면서 표시현은 그 군 치소로 승격하였습니다. 표에 있는 토돈고묘군(土墩古墓群)은 낙타성지 서남쪽에 있습니다. 낙타성지 주변에는 북쪽과 서남쪽에도 고묘군이 입지하고 있어 그 세 고묘군에 속하는 묘를 모두 계산하면 수천 개 내지 만 개 정도라고 합니다. 20세기 말부터 조금씩 발굴조사가 진행되고 있지만 지금까지 진묘병이 출토된 예는 한 건밖에 보고되지 않았습니다. 따라서 돈황출토의 진묘병 수가 어느 곳보다도 많고 두드러진다고 할 것입니다. 이것이 돈황진묘병의 첫 번째 특징입니다.

두 번째로 지적할 수 있는 것은 진묘병이 부장된 묘의 비율이 높다는 점입니다. 기가만고묘군을 예로 들어보겠습니다. 현재까지 발굴조사가 진행된 것은 모두 120기이고 그 가운데 진묘병이 부장된 것은 41기이기 때문에 3기 가운데 1기꼴로 진묘병이 부장되어 있습니다. 실제 도굴을 당한 묘도 있을 것이기 때문에 더욱 많은 묘에 부장되었을 가능성도 부정할 수 없습니다. 또한 이 비율은 신점대고묘군, 불야묘만고묘군에서도 거의 같다고 할 것입니다. 이 비율을 가욕관(嘉峪關)의 신성고묘군(新城古墓群) 등 다른 고묘군과 비교해 보고자 합니다. 그 고묘군 가운데 진묘병이 부장된 묘는 기껏해야 1기나 2기밖에 없어 진묘병을 부장한 것이 오히려 예외적이라고 할 수 있습니다. 그것과는 대조적으로 돈황에서는 진묘병을 부장하는 것이 지역 전체의 풍속이 되었다고 해도 과언이 아닐 것입니다.

세 번째로 기가만고묘군의 사례에서 보듯이 41기에서 89점의 진묘병이 출토되었기 때문에 평균적으로 1기마다 두 점 정도의 진묘병이 부장되어 있는 셈입니다. 이 숫자는 신점대고묘군, 불야묘만고묘군에서도 거의 마찬가지입니다. 묘에는 단장묘와 합장묘가 있기 때문에 단순한 수치 비교는 그다지 의미가 없는데 한 사람의 피장자에게 세 점의 진묘병을 부장한 사례가 있는가 하면 한 점만 부장한 사례도 있어 한 사람당 수장물의 수는 각각 다릅니다.

이상 진묘병의 출토상황에 대하여 서북지구의 고묘군 전체를 시야에 넣고서 돈황의 특징을 살펴보았습니다. 아마도 돈황에서는 진묘병을 부장하는 습속이 분명히 성행했을 것으로 생각합니다. 이어서는 돈황의 진묘병에는 어떤 문장이 쓰였을까 하는 점에 대해 구체적으로 사례를 들며 살펴보겠습니다.

돈황진묘문의 문장구조

   사실 돈황에서도 측면에 문자가 쓰인 후한시대의 진묘병 같은 도호(陶壺)가 출토된 적도 있지만[敦煌市博物館(編) 2002] 상세한 내용은 불분명하여 이 책에서는 역시 위·서진시대 이후의 사례에 초점을 좁히고자 합니다.

   위·서진시대 이후의 진묘병은 현재 진묘문이 발표되지 않은 것을 포함하면 가장 시기적으로 이른 것은 기가만고묘군에서 출토된 「서진함녕이년(276)팔월여아징진묘병[西晉咸寧二年(276)八月呂阿徵鎭墓瓶]」(85DQM320:18, 19)이며 같은 것이 두 점 있습니다. 이와는 반대로 가장 시기가 늦은 것은 불야묘만고묘군에서 출토된 「북량현시십년(421)팔월장법정진묘병[北涼玄始十年(421)八月張法靜鎭墓瓶]」(85DFM1:6, 8)입니다. 이것도 같은 것이 두 점 있습니다. 그러나 시대를 특정할 수 없는 것이 상당수에 이르기 때문에 실제는 이보다도 시대 폭이 클 가능성을 부정할 수 없습니다. 그러나 대략 270년대부터 420년대까지 약 150년 간에 걸쳐 진묘병이 제작되어 묘 안에 부장되었다고 할 수 있습니다.

   위·진시대 이후라고 했지만 위나라 시대의 것이라고 단정할 수 있는 진묘병이 아직 발견되지 않아 정확하게는 서진·오호십육국시대라고 해야 할 것입니다. 서진 함녕 2년(276)이라면 독발수기능(禿髮樹機能)이 통솔한 반란이 한창 서북지역을 석권할 때이고 돈황에서는 영호풍(令狐豊)·영호굉(令狐宏) 형제가 태수의 지위를 차지하고 있던 시기였습니다. 영호굉이 양주자사 양흔(楊欣)의 공격을 받아 토벌당한 것이 그해 봄부터 초여름까지였기 때문에 8월에는 새로운 돈황태수가 부임했을 것입니다. 또한 북량 현시 10년(421)은 서량을 멸망시킨 북량의 지배가 돈황까지 미친 해였습니다. 관군장군(冠軍將軍)·양주자사 이순(李恂)이 자해하고 서량의 최후 거점이던 돈황이 함락된 것은 그해 3월이므로 8월은 그로부터 다섯 달이 지난 셈입니다. 모두 돈황 역사에서 중요한 해이기 때문에 정권 교체가 진묘병의 출현이나 소멸에 커다란 영향을 끼쳤을 것이라는 과도한 상상을 저도 모르게 하게 됩니다.

그런데 진묘문의 문장구조로부터 이들 진묘병은 몇 가지로 분류할 수 있습니다. 근년에 많은 연구자들이 분류 작업에 몰두하였지만 이 책에서는 그 효시가 된 마치다 다카요시(町田隆吉)의 성과[町田隆吉 1986]에 의거하여 2가지 형태로 크게 나누어 설명하고자 합니다. 또한 유흘(劉屹)도 요 몇 해 사이에는 거의 같은 분류를 시도하고 있습니다[劉屹 2005].

② 「전량건흥9년(321)10월돈영강진묘문[前涼建興九年(321)十月頓盈姜鎭墓文]」(一) (85DQM208:29. 녹문: [甘肅省文物考古硏究所(編)

1994:106, 關尾史郎(編) 2005:32]) [그림 15]

建興九年十月七日壬辰,	건흥 9년 10월 7일 임진 날에
女子頓盈姜	여자 돈영강이
之身死. 今下	죽었다. 지금
斗瓶・五穀・鈆人,	두병, 오곡, 연인을 [묘에] 묻고서
用目福地上生人.	지상의 살아 있는 사람들에게 복을 드러내고자 한다.
青鳥子告,	청오자가
北辰詔	북진의 조칙을 알리길
令死者自受其央.	'죽은 이에게 스스로 재앙을 받도록 하라.
如律令	율령에 정해져 있는 것처럼 [집행하라]'고.

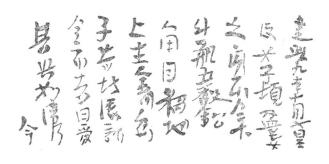

[그림 15] 「前涼建興九年(321)十月頓盈姜鎭墓文」(一) (模本)

기가만고묘군 208호묘에서 출토된 ②는 붉은 글씨로 10행 50자가 쓰여 있습니다. 이 문장구조는 매우 간단하여 첫머리에 피장자인 여성 돈영강이 죽은 사실과 그 연월일을 기록하고 두병, 오곡, 연인 등 세 종류의 부장품을 묻어서 '지상의 살아 있는 사람', 즉 돈영강의 자손들이 행복을 받기를 기원하고 있습니다. 나아가 청오자가 북진의 조칙 내용으로 재앙이 죽은 자, 즉 돈영강 자신에게 돌아가도록 할 것과 그 지시를 집행할 것 두 가지를 알리고 있습니다. 피장자에 관한 첫머리 부분을 제외하면 다음과 같은 구조가 됩니다.

ⓐ 세 종류의 부장품으로 돈영강 자손들의 행복을 기원하면서 청오자가 알린 북진의 조칙으로 ⓑ 죽은 자인 돈영강이 스스로 재앙을 받도록 한다. 그리고 ⓒ 이러한 ⓑ를 집행하도록 한다. 이처럼 세 부분으로 구성되어 있는데 ⓑ와 ⓒ가 청오자가 알리는 북진의 조칙의 내용입니다. 그렇다면 청오자가 누구에게 북진의 조칙을 전하는 것일까요? 또한 ⓐ 부분은 ⓑ 이하의 뒷부분과 어떤 관계가 있는 것일까요? 여기에서는 문제점만 제기하고 같은 문장구조를 지닌 사례를 한 점 더 소개하고자 합니다.

건흥이란 서진 마지막 황제인 민제(愍帝) 사마업(司馬鄴)의 연호인데 건흥 4년, 즉 316년에 한[漢; 전조(前趙)]의 공격을 받아 장안이 함락당하고 업은 항복하여 서진은 멸망하였습니다. 물론 연호도 소멸하였지만 앞에서도 서술했듯이 장씨가 지배하였던 양주에서는 그 이후에도 오랜 기간에 걸쳐 건흥 연호를 계

속 사용하였습니다. 사서에 쓰여 있는 그 같은 기록도 진묘문의
표기에서 사실이라는 것을 확인할 수 있습니다.

③ 「서량경자6년(405)정월장보진묘문[西涼庚子六年(405)正月張輔
鎭墓文]」(일) (80DFM1:32. 녹문: [町田隆吉 1986:105, 關尾史郞(編)
2005:72])

庚子六年正月	경자 6년 정월
水未朔卄七日己酉	삭일이 수<계(癸)>미로 27일 기유[일]에
敦煌郡敦煌縣	돈황군 돈황현의
東鄕昌利里	동향 창리리의
張輔-字	장보-자는
德政-身死. 今下	덕정-가 죽었다. 지금
斗甁, 口人, 五穀甁,	두병, 口<鉛>인, 오곡병을 [묘에] 묻고서
當重地上生人.	지상의 살아 있는 사람에게 [재앙이나 원한이] 거듭되는 것을 당해 내고자 한다.
靑烏子	청오자가
告北辰詔,	북진의 조칙을 알리길
令死者自受其殃.	'죽은 자가 스스로 재앙을 받도록

하라.

罰不加滿,	[그러나] 벌은 한도 이상을 부가해서는 안 되며
移殃	[제3자에게] 재앙을 옮기고
咎. 遙與他里	원한도 돌리도록 하라. [산 자와 죽은 자는] 다른 리(장소)에서 멀리 떨어져 있도록 하라.
如律令	율령에 정해져 있는 것처럼 [집행하라]'고.

불야묘만고묘군 10호묘에서 출토된 ③은 붉은 글씨로 모두 16행 76자가 쓰여 있으며 행수와 자수는 분량상 ②의 1.5배쯤

[그림 16] 「西涼庚子六年(405) 正月張輔鎮墓瓶」(一)

됩니다[그림 16]. 또한 피장자의 본적이 명기되어 있습니다. 이런 표기에서 불야묘만고묘군이 돈황군 돈황현에서도 동향 사람들의 묘지였다는 것을 알 수 있습니다.

그런데 ③에서는 역시 첫머리에 피장자인 장보가 죽은 사실과 그 연월일이 기록되어 있고 두병, 연인, 오곡이라는

86

세 종류의 부장품이 매장되어 있어 '지상의 산 사람', 즉 장보의 자손들에게 재앙과 원한이 거듭 미치지 않기(장보에게만 미쳐야 한다는 것)를 기원하고 있습니다. 더욱이 청오자가 전하는 북진의 조칙 내용에는 재앙은 죽은 자, 즉 장보 자신에게만 받도록 한 것, 그러나 벌은 정해진 한도를 초과하지 않도록 할 것, 그 나머지 몫의 재앙이나 원한은 제3자에게로 옮기거나 돌리도록 할 것, 그리고 그 지시를 집행할 것 등 이 네 가지가 표시되어 있습니다. 피장자에 관한 첫머리 부분을 제외하면 다음과 같은 구조로 이루어져 있습니다.

ⓐ 세 종류의 부장품으로 장보의 자손들에게 재앙이나 원한이 미치지 않도록 기원한 뒤 청오자가 알리는 북진의 조칙으로서 ⓑ 죽은 자인 장보가 스스로 재앙을 받도록 하지만 ⓒ 장보에 대한 처벌은 한도를 넘어서서는 안 되며 ⓓ 초과한 몫의 재앙이나 원한은 제3자에게 이전토록 하고 ⓔ 산 자와 죽은 자를 떨어뜨려 놓도록 한다. 그리고 마지막으로 ⓕ로서 ⓐ~ⓔ를 집행토록 한다.

이처럼 여섯 부분으로 이루어져 있습니다. 여기에서는 ⓑ~ⓕ가 청오자가 알리는 북진의 조칙 내용입니다. 역시 청오자가 북진의 조칙을 전하는 상대를 알 수 없으며 또한 ⓐ의 부분이 ⓑ 이하의 뒷부분과 어떠한 관련이 있는 지는 명확하지 않습니다.

②와 ③을 비교하면 ③에는 ⓒ~ⓔ라는 세 부분이 부가되어 있지만 이 두 진묘문의 문장구조는 기본적으로 동일합니다. 이러한 진묘문을 마치다 다카요시의 주장을 따라서 A형 진묘문이

라고 부르겠습니다. 마치다 다카요시는 '두병', '오곡', '연인', '청오자', '영사자자수기앙' 및 '원여타향(遠與他鄉; 다른 향에 멀리 떨어뜨려 놓다) 등의 어구를 이 구조형의 공통요소라고 하였습니다. 마지막 요소는 ②에는 보이지 않지만 이것 이외에는 모두 ②와 ③에 공통적으로 있습니다. 돈황고묘군에서 출토된 진묘문 가운데 문장구조를 조금이라도 알 수 있는 것이 모두 80점이 되며 그 가운데 34점이 A형 진묘문입니다. 이 공통된 어구에 대해 조금 더 검토해 보겠습니다.

우선 세 종류의 부장품입니다. ③에서는 'ㅁ인'이라고 되어 있어 '연'자를 판독할 수 없지만 ②를 비롯한 A형 진묘문에서 유추해 보면 '연인'이 맞을 것입니다. '두병'이란 작은 병이라는 뜻이며 진묘병 그 자체를 가리킵니다. '오곡'은 곡물, '연인'은 납으로 만든 작은 인형을 의미합니다. 기가만고묘군에서 출토된 진묘병 가운데 「서량건초5년(409)윤정월화로노진묘병[西涼建初五年(409)潤正月畫虜奴鎭墓瓶]」(一)(85DQM336:4) 속에 곡식 조가 운모 파편과 함께 들어가 있는 것이 확인되었습니다. 또한 연인에 대해서는 기가만고묘군의 208호묘와 313호묘에서 출토된 사례가 보고되었습니다[그림 17]. 어느 것이든 높이가 3cm 이하이고 두께는 1mm 정도가 되는 작은 납인형입니다. 313호묘

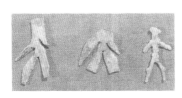

[그림 17] 기가만고묘군 출토 연인
(왼쪽 둘−313호묘 출토, 오른쪽
하나−208호묘 출토)

에서는 피장자의 발 아래에
놓인 진묘병 속에 두 점씩이
나 들어 있었습니다. 또한
208호묘에서도 피장자의 머
리 부근에 놓인 진묘병 속에
들어 있었던 것 같습니다. 따

[그림 18] 「年次未詳某人鎭墓文」(一)(模本)

라서 오곡도, 연인도 실제 출토된 사례가 많지는 않지만 두병이
라고 불린 진묘병 속에 넣어 부장하였다는 것을 알 수 있습니
다. 이 때문에 다음의 진묘문이 흥미롭습니다.

④ 「연차미상모인진묘문(年次未詳某人鎭墓文)」(일) (85DQM301:12.
녹문: [甘肅省文物考古硏究所(編) 1994:119, 關尾史郎(編) 2005:93])
[그림 18]

鉛	연 <연(鉛)>
人・	인과
五	오
穀.	곡.

기가만고묘군 가운데 제5단계, 즉 4세기 말부터 420년 사이
에 조영되었을 것으로 추정되는 301호묘에서 출토된 것입니다
[그림 19]. 설명할 것도 없이 여기에 검은 글자로 쓰인 연인과

[그림 19] 「年次未詳某人鎭墓甁」(一)

오곡은 ②와 ③에 공통으로 기록되어 있는 부장품입니다. 두병은 진묘병 자체를 의미하는 것이기에 병기할 필요가 없었을 것입니다. 이 ④는 A형 진묘문의 가장 큰 목적이 무엇보다도 부장품을 묻는다는 것에 있다는 것을 전해줍니다. 제1장에서 제시하였던 ①도 진묘병이 '오곡병'이라는 것을 명시하고 있습니다.

이들 부장품은 죽은 자(피장자)나 산 자의 몸을 대신하여 재앙을 받기 위한 것(연인)과 저승에서 조세 내지는 봉납물로 충당하기 위한 것(오곡)으로 후한의 진묘문에서도 볼 수 있습니다. 진묘병도 진묘문을 쓰는 소재로서 부장된 것이지만 ④에서는 이것이 극단적으로 간소화되어 진묘병에 넣은 부장품의 명칭만을 썼을 뿐이었습니다.

이어서 ②와 ③에 똑같이 등장하는 '청오자'와 '북진'을 살펴보고자 합니다. 이 가운데 북진은 돈황의 진묘문에 처음 보이는 어구인데 북극성을 다르게 부르는 명칭입니다. 북극성은 천극(天極)에 위치하며 일찍부터 천제(天帝)가 있는 곳으로 여겨졌습니다. 청오자도 후한의 진묘문에서 「후한건녕3년(170)구월조모진묘문

[後漢建寧三年(170)九月趙某鎭墓文]」(河南省洛陽市 燒溝 M1073:11.
녹문: [劉昭瑞 2001:197－198, 鈴木雅隆 2007:230－231])에 '황
제・청오ㅁ(黃帝・靑烏ㅁ)'라고 쓰여 있는 것이 유일한 사례이며
돈황의 진묘문에서야 비로소 자주 나오는 어구입니다. 갈홍(葛
洪)의『포박자(抱朴子)』나 도홍경(陶弘景)의『진고(眞誥)』등 도교
계 경전에 등장하는 청(의)오공[靑(衣)烏公]과 같은 것이며 신선
의 하나라고 생각됩니다. 따라서 A형 진묘문의 뒷부분은 북진
(천제)의 조칙을 신선인 청오자가 전한다는 구조가 되는 셈이고
그 중심 내용은 '죽은 자가 스스로 재앙을 받도록' 하거나 '다
른 향에 멀리 떨어뜨려 놓아라'는 것입니다. 죽은 자를 재앙을
받아야 하는 존재라고 하는 생각은 후한의 진묘문에서도 보이
며 죽은 자와 산 자를 멀리 격리한다는 사고도 마찬가지로 후
한의 진묘문까지 거슬러 올라갑니다.

이상을 바탕으로 하여 다시 전체 문장구조를 살펴보겠습니다.
③은 세 종류의 부장품으로 지상의 산 사람의 행복을 기원하
므로 부장품은 남아 있는 사람들을 위한 것이라고 할 수 있습
니다. ④도 동일한 부장품으로 죽은 자가 받아야 하는 재앙이나
원한이 산 사람에게 미치는 것을 방지한다는 취지를 담고 있습
니다. 따라서 부장품을 묻음으로써 죽은 자의 재앙이 미치는 것
을 방지하여 산 사람이 행복해지도록 한다는 것이 본래 의도한
바였을 것입니다. 그래서 이 진묘문들에서 죽은 자에 관한 기록
을 빼면 ⓐ로 진묘문의 첫머리를 기록한 것과 극단적인 예이지

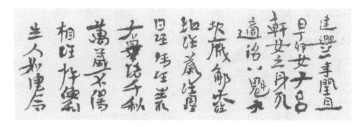

[그림 20] 「西晉建興二年(314)閏(十)月呂軒女鎭墓文」(一)(模本)

만 ④ 같은 사례도 있다는 점에서 판단컨대 A형 진묘문에서는 ⓐ 부분이 ⓑ 이하 부분보다도 중요한 것은 아닐까요! 결국 청오자나 북진이 등장하는 뒷부분은 앞부분인 ⓐ 부분을 보완하기 위한 설명 부분으로 그 배후에 있는 사상을 서술한 것은 아닐까요! 여기에서 결론을 성급하게 내리기에 앞서 A형과 형태가 다른 진묘문을 살펴보도록 하겠습니다.

⑤ 「서진건흥2년(314)윤(십)월여헌녀진묘문[西晉建興二年(314)閏(十)月呂軒女鎭墓文]」(一) (85DQM391:12. 녹문: [甘肅省文物考古研究所(編) 1994:107, 關尾史郎(編) 2005:27]) [그림 20]

建興二年閏月一	건흥 2년 윤[십]월 1일
日丁卯, 女子	정묘[일]에 여자
呂軒女之身死.	여헌녀가 죽었다.
適治八魁・九坎.	때마침 팔괴・구감에 해당하였다.
厭解天注・地注・歲注・	천주・지주・세주・

月注・日注・時注.	월주・일주・시주 [등의 불길한 기운을] 눌러 풀도록.
生死各異路,	산 자와 죽은 자는 각각 길을 달리해
千秋萬歲不得	천추만세에 [걸쳐서도] 서로 엮어서는 안 된다.
相注忤, 便利生人.	산 자를 편하고 이롭게 한다.
如律令.	율령에 정해져 있는 것처럼 [집행하라.]

붉은 글씨로 쓰인 11행 59자의 본문 외에 진묘병의 입 주변 부분에 의미가 분명하지 않은 14줄의 가는 선이 붉은 색으로 그어져 있습니다 [그림 21]. 첫머리에 피장자인 여성 여헌녀가 죽은 사실과 그 연월일이 기록되어 있는 점은 A형과 동일합니다. 그러나 그 뒤의 문장구조는 완전히 다릅니다. 세 종류의 부장품도 청오자나 북진도 전혀 나와 있지 않습니다. 이를 대신하여 등장하는 것이 우선 ⓐ 팔괴・구감이고 이어서 ⓑ 각종 '주'입니다.

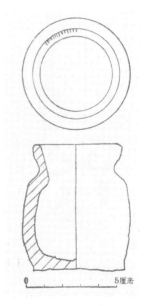

[그림 21] 「西晉建興二年(314) 閏(十)月呂軒女鎭墓瓶」(一)

더욱이 ⓒ 삶과 죽음의 분리, 산 자와 죽은 자의 단절을 강조하고 마지막으로 ⓐ, ⓑ와 ⓒ의 조치를 집행하라는 지시로 끝맺고 있어 마지막 구절은 A형과 같습니다. ⑤ 같은 진묘문을 마치다 다카요시의 주장을 따라서 B형 진묘문으로 부르고자 합니다. 마치다 다카요시는 '팔괴·구감', '천주' 이하의 여러 '주', '생사이로(生死異路)' 및 '생인전행, 사인각보(生人前行, 死人却步; 산 사람은 앞으로 나가고 죽은 사람은 뒷걸음질 친다)' 등의 어구를 이 형태의 공통요소라고 합니다. 마지막 요소를 제외하고는 모두 ⑤에서 볼 수 있습니다. 돈황고묘군에서 출토된 진묘문 가운데 문장구조를 조금이라도 갖추고 있다고 판명된 것 중에 32점이 B형 진묘문입니다. A형 진묘문의 수와 비슷한 수치입니다. 이 형태의 공통적 어구에 대해서는 장훈료·백빈 두 사람의 성과[張勳燎·白彬 2006]를 통해 검토하고자 합니다.

우선 '팔괴·구감'입니다. 모두 별의 명칭으로 전자는 북락(北落; 남쪽 물고기자리) 동남쪽에, 후자는 우숙(牛宿; 염소자리) 남쪽에 각각 있다고 합니다. 역서(曆書) 등에 따르면 팔괴나 구감에 해당하는 날은 불길함이 많아 '개묘(開墓; 죽은 자를 매장하기 위해 묘문을 여는 것)'를 해서는 안 된다고 합니다. ⑤에서는 죽은 날이 특히 이날에 해당하며 더욱 불길한 기운인 '주'를 눌러 일어나지 않도록 기원할 필요가 있었던 것입니다. 실제 후한시대 진묘문 가운데 다음과 같은 것이 있습니다.

⑥「후한연차미상모인진묘문(後漢年次未詳某人鎮墓文)」(1954년 낙양시 서쪽 교외에서 후한시대 유적 출토. 녹문: [劉昭瑞 2001: 214, 鈴木雅隆 2007:276-277]

解注瓶.	해주병.
百解去.	많은 <불길한 기운을> 눌러 없애도록
如律令.	율령에 정해져 있는 것처럼 [집행하라.]

앞의 ⑤는 천주부터 시주까지 여섯 '주'를 연이어 기록함으로써 여러 불길한 기운을 모두 눌러버린다는 뜻이었을 것입니다. 그리고 ⓑ에서 ⓒ로 이어지는 가운데 '생사이로'와 '생인전행, 사인각보'는 산 자(자손)와 죽은 자 혹은 삶과 죽음을 분리된 것으로 여기는 사고방식이며 후한의 진묘문에도 정형적인 구절이 보입니다. ⑤에서는 미래의 억겁에 걸쳐서 산 자와 죽은 자가 관계를 맺고 상대하는 것을 금지하고 있습니다.

이 B형 진묘문의 중심은 ⓑ의 불길한 기운인 '주'를 눌러 없애는 것에 있다고 해도 좋을 것입니다. 그것은 팔괴나 구감이라는 역법상 특별한 날에 죽은 사람에 한해서는 여러 불길한 기운을 누를 필요가 있어 이런 진묘문이 굳이 작성된 것은 아닐까요! 제1장에서 언급한 범심용과 관련 있는 다른 진묘문을 제시하고자 합니다.

⑦　　　「전량승평13년(369)윤정월범심용진묘문[前涼升平十三年 (369)閏正月氾心容鎭墓文]」(三) (60DXM1:4. 녹문: [敦煌文物研究所 考古組 1974:197, 關尾史郎(編) 2005:58])

天注	천주
地注	지주
□ □	□ □
□(氾)注	□(범)주
玄注	현주
鵃注	조주
風注	풍주
火注	화주
人注	인주

'범(氾)'이나 '조(鵃)' 등 의미를 알 수 없는 문자도 있지만 여러 '주'만 열거하고 있을 뿐입니다. 틀림없이 불길한 기운인 '주'를 눌러 없애는 것만을 기원하는 진묘문일 것으로 생각합니다.

B형 진묘문에 대해 첨언하면 도호가 아니라 도발(陶鉢; 토기 그릇)에 쓰인 것이 있습니다. 사실상 그릇 같은 모양을 한 도발 을 진묘'병'이라고 부르는 것에 조금 저항감도 있지만 여기에서 는 일괄하여 진묘병에 넣어 검토하고자 합니다. 하나 더 덧붙이 면 도발은 어느 것이든지 의도적으로 깨뜨려서 피장자 시신의

배 부분 위에 엎은 형태로 놓여 있다는 점입니다. 조금이라도 깨지지 않은 도발은 하나도 없습니다. 앞서 언급한 ⑦도 깨진 채 관 안에 엎은 형태로 놓여 있었다고 합니다. 세 번째 항과 네 번째 항의 첫 자를 석독(釋讀)할 수 없는 것은 그 부분이 깨져서 빠져 있기 때문입니다. 이것은 여러 주를 도발의 측면에 쓴 뒤에 그것을 깨서 앙화를 제거하는 의식을 거행하고 깨진 파편을 시신 위에 놓아둠으로써 죽은 사람이 재앙을 일으키지 않을 것으로 생각했기 때문이라고 추측합니다. 다만 A형 진묘문과 마찬가지로 도호에 써서 깨뜨리지 않은 채 묘 내에 부장된 B형 진묘문도 적지 않아 이 사실을 특별히 강조해서는 안 되겠지만 도호 이외에 도발이 진묘병으로 사용된 것도 또 그 도발이 깨져서 부장된 것도 돈황에서만 보이는 현상입니다.

[그림 22] 「北涼神璽二年(398)十一月某人鎭墓文」(二)(模本)

또한 B형 진묘문과 마찬가지로 도발에 쓰인 것으로 다음과
같은 것도 있습니다.

⑧ 「북량신새2년(398)10월모인진묘문[北涼神璽二年(398)十月某
人鎭墓文]」(85DQM310:23. 녹문: [甘肅省文物考古硏究所(編) 1994:
86-87, 關尾史郞(編) 2005:99]) [그림 22]

皇子	황자
啓女	계녀
寶女	보녀
□□	□□
□(寬)□	□(관)□
申□	신□
覺□	각□
光生	광생
南□	남□
□兒	□아
道弘	도홍
敎之	교지
效女	효녀
佛生	불생
德文	덕문

佛德   불덕

□ □   □ □

　첫머리의 '황자' 등에 대해서는 어색한 느낌이 남아 있지만 대부분은 이름이라고 생각합니다. 이것도 깨졌기 때문에 결손 부분이 적지 않습니다[그림 23]. B형 진묘문이 쓰여 있는 도발처럼 피장자의 가슴에서 배 부위에 걸쳐 그 파편이 흩어져 있었습니다[甘肅省文物考古研究所(編) 1994:45, 그림 31]. 그렇다면 이러한 예를 어떻게 생각하면 좋을까요?

　이 기가만고묘군 310호묘는 합장묘인데 도발이 놓여 있던 피장자(남쪽 인골과 북쪽 인골)의 머리와 발에서 각각 한 점씩 모두 두 점의 「북량신새2년(398)8월□부창진묘문[北涼神璽二年(398)八月□富昌鎭墓文]」(85DQM310:15.22)이 출토되었습니다. 두 점에도 A형 진묘문이 쓰여 있었습니다. 또한 도발이 놓여 있던 피장자에 대해서는 머리 부근에 상세한 내용은 분명하지 않지만 진묘문이 쓰여 있는 「북량신새2년(398)11월모인 진묘병[北涼神璽二年(398)十一月某人鎭墓瓶]」(85DQM310:16)이 있었습니다. ⑧의 기년을 '신새 2년 11월'로 판단하는 것

[그림 23] 「北涼神璽二年(398)
十一月某人鎭墓瓶」(二)

도 여기에 근거한 것입니다. 북쪽에 안치된 피장자는 그 이름에서 판단하건대 남성이라고 추정되어 도발이 출토된 남쪽 피장자는 아마 여성으로 그의 부인일 것입니다. 그리고 주목할 만한 점은 두 사람의 사망 시기가 3개월(실질적으로는 2개월 보름)밖에 차이가 나지 않는다는 것입니다. 남편이 죽고 겨우 2개월 보름 뒤에 아내도 뒤쫓아 죽었던 것입니다. 유족을 비롯한 친척들의 슬픔은 감히 상상할 수 없는 것이겠지요! 무언가 재앙을 일으키지 않을까라는 걱정도 했을 것입니다. 이 진묘문은 더 이상 불길한 기운이 미치지 않기를 바라는 절실한 기원을, 도발의 측면에 친척의 이름을 이어 쓰고 그것을 깨뜨려서 성취하려고 했던 것은 아닐까요!

종래 '불생'이나 '불덕'이라는 '불(佛)'자를 포함한 용어가 보이는 것에서 불교의 영향을 나타내는 것으로서 주목받아 온 진묘문이지만(확실히 '불'자가 이름의 한 자로 사용되고 있는 것은 불교신앙의 증거일 터이지만 그것만이 진묘문의 배후에 있는 종교의식에 직접적인 영향을 끼친 것은 아닐 것입니다) 오히려 이처럼 B형 진묘문이 다양하다는 것을 충분히 이해할 필요도 있습니다.

돈황진묘문 가운데 A형과 B형 둘 모두를 기록한 「전량건흥27년(339)3월부장연진묘문[前涼建興卄七年(339)三月傅長然鎮墓文]」(82DXM65:9.10) 두 점이나 보고서의 설명대로 시기적으로 가장 이른 「서진함녕2년(276)8월여아징진묘문(西晉咸寧二年八月呂阿徵鎮墓文)(일)(85DQM320:18)처럼 긴 문장이어서 A형으로도 B형으로도 분류할 수 없는 문장구조를 지닌 사례도 있습니다. 하지만 A형과 B형, 그리고 이 두 종류로 크게 구별할 수 있는 것이야말로 돈황진묘문의 특징이며 스즈키 마사타카가 '돈황형진묘문'이라고 명명할 수 있는 이유이기도 합니다. 그러나 지금까지 서술한 것에서 알 수 있듯이 후한진묘문에서 보이는 어구나 표현, 그리고 그 배후에 있는 종교의식의 영향이 돈황의 진묘문에 미쳤다는 점은 부정할 수 없습니다. 이어서 후한진묘문의 문장구조도 간단히 살펴보겠습니다.

후한진묘문의 문장구조

여기에서는 후한의 대표적 진묘문에 대하여 선행연구에 의거하여 그 문장구조를 확인해 보도록 하겠습니다. 우선 단언컨대 후한진묘문은 다양하고 풍부하여 돈황처럼 그렇게 간단하게 설명할 수는 없습니다. 또한 진묘병의 기형도 진묘문의 문장구조처럼 다양합니다. 이것들은 반드시 도쿄의 구립 다이토서도박물관을 찾아 실제로 살펴보시길 바랍니다.

⑨ 「후한연희9년(166)10월한부흥진묘문[後漢延熹九年(166)十月韓祔興鎭墓文]」[1993년 산서성 임의현동장향가서촌(臨猗縣東張鄕街西村) 출토 녹문: [劉昭瑞 2001:193, 鈴木雅隆 2007:225-226; 池優, 2008:380-381]] [그림 24]

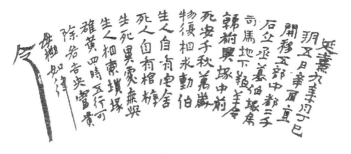

[그림 24] 「後漢延熹九年(166)十月韓祔興鎭墓文」(模本)

延熹九年十月丁巳　　　연희 9년 10월 정사일이 삭일이며
朔五日辛酉直開,　　　5일은 곧 신유로 직개일인데
移五部中都二千石·　　오부중도의 이천석·
丘丞墓伯·塚侯司馬.　　구승묘백·총후사마에게 알린다.
地下羝羊,　　　　　　땅에 숫양을 묻어
令韓神衬興塚中前死安,　한부흥의 무덤 [안에 있는] 전에
　　　　　　　　　　　죽은 사람을 편안토록 하며

千秋萬歲,　　　　　　천추만세까지
物復相求動伯.　　　　다시는 서로 구하며 위협하지 않도
　　　　　　　　　　　록 해라.

生人自有宅舍,　　　　산 사람 자신에게는 집이 있고
死人自有棺椁.　　　　죽은 사람 자신에게는 관곽이 있다.
生死異處,　　　　　　산 사람과 죽은 사람은 처소를 달
　　　　　　　　　　　리하여

無與生人相索.　　　　산 사람과 함께 찾지 않도록 해라.
墳塚雄黃, 四時五行,　무덤에 웅황을 묻어두고 사시오행은
可除咎去央,　　　　　원한을 없애고 재앙을 제거하여
富貴毋極.　　　　　　부귀가 끝이 없도록 해라.
如律令.　　　　　　　율령에 정해져 있는 것처럼 [집행
　　　　　　　　　　　하라.]

⑨는 한부흥이란 인물의 진묘문입니다. 첫머리의 연희 9년 10월 5일은 그가 죽은 날일 것입니다. 주어가 빠져 있지만 오부 중도 이천석부터 총후사마까지 토지신 셋에게 알리고 있습니다. 그 내용은 ⓐ 숫양을 지하에 묻어 '무덤 안에 있는 이전에 죽은 사람', 즉 먼저 묘 안에 매장된 한부흥의 선조를 안녕히 보호하며 그들이 미래영겁에 걸쳐서 자손을 다치지 않도록 하고 ⓑ 산 사람과 죽은 사람은 떨어져 있어야만 하는 존재이며 ⓒ 웅황을 부장하여 사시오행(신의 이름)의 신성한 힘으로 산 사람이 원한이나 재앙을 입지 않은 채 끝없는 부귀를 누리게 하고 ⓓ ⓑ에서 ⓒ까지를 집행하도록 한다는 것입니다. '이(移)'라고 표현된 '알린다'는 내용은 이상과 같은 구조로 되어 있습니다.

이보다 조금 더 복잡한 구조를 지닌 예를 하나 더 살펴보겠습니다.

⑩ 「후한초평4년(193)12월왕황모진묘문[後漢初平4年(193)十二

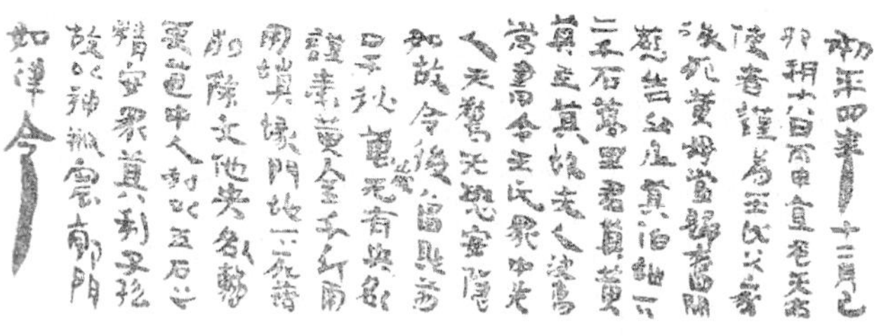

图一　陶瓶腹部朱文(摹本)

[그림 25] 「後漢初平四年(193)十二月王黃母鎭墓文」(模本)

104

月王黃母鎭墓文]」(1957년 8월 섬서성 서안시 화평문(和平門) 밖 안탑로(雁塔路) 동쪽에 있는 제4호묘에서 출토) 녹문: [劉昭瑞 2001: 213－214, 鈴木雅隆 2007:255－256, 池澤優 2008:376] [그림 25]

初平四年十二月己	초평 4년 12월 기묘가 삭일로
卯朔十八日丙申直危,	18일은 곧 병신으로 직위일인데
天帝使者, 謹爲王氏之家	천제사자가 삼가 왕씨 집의
後死者黃母, 當歸舊閱	후사자인 황모가 구열로 돌아가게 하기 위해
慈告丘丞莫佰・地下	이에 구승막<묘(墓)>백・지하
二千石・蒿里君・莫黃・	이천석・호리군・막<묘>황<황(皇)>・
莫主・莫故夫人・決曹尙書,	막<묘>주・막<묘>고부인・결조상서에게 알린다.
令王氏家中先人,	왕씨의 무덤에 있는 선조들이
无驚无恐, 安隱如故.	놀라는 것 없이 두려운 것 없이 예전처럼 안온하게 하라고.
令後曾財益口,	후손들이 재산을 늘리고 [회]구를 늘리고
千秋萬歲无有央咎.	천추만세까지 재앙과 원한이 없도록 하라고.
謹奉黃金千斤兩	삼가 황금 천근량을 받들어

用塡塚門, 地下死籍	[이것을] 사용하여 무덤문을 메우고 지하의 사적에는
削除文, 他央咎轉	문장을 삭제하며 다른 재앙과 원한이 길가는 다른 이에게
要道中人. 和以五石之精,	옮겨 가라고. 오석의 정(다섯 종류의 선약)을 조화롭게 써서
安冢莫, 利子孫.	묘를 안정시키고 자손을 이롭게 하라고.
故以神甁, 震郭門.	그래서 신병으로 곽<곽(椁)>문을 누르라고.
如律令.	율령에 정해져 있는 것처럼 [집행하라.]

⑩은 왕황모라는 인물의 진묘문입니다. 첫머리에 초평 4년 12월 18일은 왕황모가 죽은 날일 것입니다. 죽었다는 것은 '후사자(後死者)'라는 표현에서 분명히 알 수 있지만 그 외에도 '열(閱)'에는 구덩이[혈(穴)]라는 의미가 있어 여기에서는 묘혈(墓穴)이라는 것이며 '귀구열(歸舊閱)'이라는 문구는 일족의 묘로 들어간다는 뜻으로 해석할 수 있습니다. 그다음에 천제사자가 구승묘백에서 호리군에 이르는 토지신이나 묘황에서 결조상서에 이르는 명계신 등 신들에게 알리는 내용이 이어지고 있습니다. 여기에서 주어는 천제사자라고 생각합니다. 이것이 본문이라고

할 만한 부분으로 그 내용은 다음과 같은 구조로 되어 있습니다.

ⓐ 이전에 죽어 먼저 묘에 매장된 왕씨 일족의 사람들, 즉 '왕씨총중선인'이 이제 죽은 왕씨의 사람, 즉 '왕씨가후사자'인 왕황모가 매장된 것 때문에 괴로워하지 않도록 하고 ⓑ 왕황모의 자손들, 즉 '후(後)'가 미래영겁에 걸쳐서 현세에서 번영하고 벌을 받는 일이 없도록 하며 ⓒ 부장품인 황금으로 묘를 누르고 사자의 명적(名籍)에서 왕황모의 자손 부분을 삭제하며 여러 가지 벌은 제3자에게 향하도록 하고 ⓓ 오석의 정을 부장품으로 넣어 묘를 안정시키고 왕황모의 자손에게 이익을 가져오도록 하며 ⓔ 부장품인 신병으로 묘문을 누르도록 하며 그리고 ⓕ ⓐ부터 ⓔ까지를 집행하도록 한다는 것입니다. 이처럼 '알리는' 고(告)의 내용은 여섯 부분으로 이루어져 있습니다. ⓔ의 기록에서 진묘병을 '신병'이라고 부르는 것을 알 수 있습니다.

여기에서 토지신이나 명계신에게 알리는 것은 천제사자라고 부르는 존재입니다. 그가 알린 내용은 천제의 명령이라고 일단 상상할 수 있습니다. 돈황진묘문에서는 청오자가 천제사자의 역할을 맡고 있을 뿐입니다. 또한 거기에는 북진의 조칙을 전하는 대상이 생략되어 있지만 ⑨나 ⑩으로 판단하건대 토지신이나 명계신 앞으로 보내는 것이라고 생각할 수 있습니다. 단지 여러 다양한 신들의 질서구조를, 돈황 사람들이 어느 정도로 알고 있었을까는 의문입니다. 그럴 가능성이 있다고 해도 왜 돈황진묘문에서는 천제가 북진으로, 또한 천제사자가 청오자로 각각 대체된 것일까요? 그것은 추상적 존재가 보다 구상적이고 가시화된 존재로 치환된 것일 뿐이기는 하지만 그렇게 대체되었다는 사실 자체를 돈황 사람들이 인식하고 있었을까요?

또한 후한진묘문에서는 새롭게 죽은 사람(피장자)이 일족의 묘 내지 묘지에 매장될 때에 선조(먼저 죽은 이)의 안녕을 혼란스럽게 한다는 점을 상정하여 그런 것이 없도록 한다는 배려가 빠짐없이 문장화되었습니다. 또한 부장품 하나하나마다 다른 바람이 들어가 있는 것도 돈황진묘문과 구별되는 점입니다.

복잡한 문장구조를 지닌 후한진묘문에 대해서는 그 배후에 있는 종교의식의 구체적 실체가 논쟁거리가 되고 있습니다. 장훈료·백빈 두 사람이나 스즈키 마사타카는 천사도(天師道)의 신앙을 거기서 확인할 수 있다고 합니다. 이에 대하여 유소서는 태평도의 강한 영향을 지적하고 있습니다[劉昭瑞 2007]. 천사도노, 태평도도 후한시대에 일어났던 도교계 종교결사이지만 이케자와 마사루는 오히려 유교이데올로기가 침투하면서 새로운 장례의식이 필요하게 되자 그 기능을 진묘문이 담당했던 것은 아닐까라는 가설을 제시하고 있습니다[池澤優 2008]. 이런 논쟁에 끼어들 준비가 되어 있지 않지만 후한의 그것에 비하면 훨씬 간략한 문장구조를 지닌 돈황진묘문에 이런 이해나 가설이 타당할까라는 의문이 남습니다. 이 점에 대하여 이 장의 마지막에서 다시 언급하기로 하고 이어서는 진묘병을 비교하고자 합니다.

진묘병과 그 출토상황 비교

이제까지 살펴보았던 ⑩이 쓰인 진묘병은 목 부분이 가늘고 배 부분은 북 같은 모습입니다. 그 높이는 17.7cm이고 입 지름은 5.0cm이며 배 지름은 16.1.cm이고 밑바닥 지름은 6.8cm라고 보고되었습니다[그림 26]. 병 안에서 백옥석이 발견되었습니다. 이것이 진묘문에 있는 '오석지정(五石之精)'이

[그림 26] 「後漢初平四年(193) 十二月王黃母鎭墓甁」

라고 생각합니다. ⑨도 높이는 17.0cm이고 입 지름은 9.0cm이며 밑바닥 지름은 9.5cm입니다. 역시 병 안에서 석고로 된 양뿔 모양의 기물이 발견되었는데 이것이 '지하저양(地下羝羊)'일 것입니다. 앞에서 언급한 돈황진묘병의 데이터를 살펴보겠습니다 [표 2].

[표 2] 돈황진묘병의 크기

(단위: cm)

번호	높이	입 지름	배 지름	밑바닥 지름
②	6.8	5.0	·	5.8
③	6.5	4.2	6.0	·
④	6.8	4.5	·	4.2
⑤	6.8	4.6	·	5.1

기형이 다르기 때문에 숫자의 단순 비교는 신중해야 하지만 돈황진묘병은 후한진묘병 높이에 절반도 되지 않습니다. 즉 자그마한 병, '두병(斗甁)'입니다. 진묘문이 간략한 단문이 된 것도 진묘병이 작아지는 것에 대응한 것이었습니다.

그리고 이것은 묘 안에 묻는 장소와도 관련이 있습니다. 고유코(江優子)의 연구에 의하면 후한진묘병의 부장 장소는 각각 다른 듯하지만 묘문 부근에 놓인 사례가 비교적 많다고 합니다 [江優子 2003]. 반면 돈황진묘병을 보면 도호는 피장자의 머리 부근 혹은 발 아래에 놓였고 도발은 깨진 채로 피장자의 배 위에 놓였습니다. 고 유코는 후한진묘병이 묘문 가까이에 놓인 이유를, 묘문이 현세와 이어지는 입구이고 묘를 지킴과 동시에 죽은 사람의 영혼이 묘에서 나가는 것을 막는다는 인식이 있었기 때문은 아닐까라고 추측했지만 돈황진묘병에 이런 추측이 꼭 들어맞는 것은 아닙니다.

돈황진묘문 가운데 A형 진묘문은 그것이 쓰여 있는 진묘병 자체를 포함한 부장품을 기록하고 있습니다. 또한 B형 진묘문은 여러 가지 불길한 기운을 누르기 위해서 쓰인 것입니다. 그렇다면 글을 쓰는 면으로서 배 부분이 큰 도기는 필요하지 않고 또한 묘문에 둘 필요도 없습니다. 피장자와 가까운 거리에 부장품으로 두는 것만이 의미가 있을 뿐입니다. 그러나 이처럼 생각한다면 돈황에서는 묘를 수호한다는 의식이나 죽은 사람의 영혼이 묘에서 나가는 것을 방지한다는 의식은 없는 것일까라는 새로운 문제가 발생합니다. 이 문제에 대해서는 일단 숙제로 남겨두고 돈황진묘병의 범위에 대해 살펴보고자 합니다.

돈황진묘병의 범위

　돈황 교외에 위치한 세 고묘군에서 출토된 진묘병은 수량 면에서 다른 지역의 고묘군을 압도할 뿐만 아니라 배 부분에 쓰인 진묘문도 돈황만의 특징입니다. 또한 기형, 크기, 묘 안의 부장장소도 후한진묘병과는 크게 다릅니다. 결국 다른 것은 진묘문의 문장구조만은 아닙니다. 그렇다면 이런 돈황진묘병은 지리적으로 어느 정도 퍼져 있었던 것일까요?

　세 고묘군 가운데 동교묘의 하나인 신점대고묘군은 돈황군 효곡현을 본적으로 하는 사람들의 묘지입니다. 따라서 돈황진묘병의 보급 범위는 돈황군의 군 치소인 돈황현 내에만 한정된 것은 아닙니다. 그런데 효곡현은 북주(北周, 557~581)가 되면서 돈황현에 병합되어 돈황현 효곡향으로 그 이름을 남겼기 때문에 돈황현에 인접했을 뿐만 아니라 처음부터 작은 규모의 현이었다고 생각합니다. 그 증거로 현성의 소재에 대해서 정설이 없다는 것을 들 수 있습니다. [표 1]에서 보듯이 서북지구에서 보면 돈황 이외에도 각지에서 진묘병이 출토되었습니다. 그러나 그 대부분은 출토되었다는 사실만 보고되었을 뿐 상세한 내용은 전혀 명확하지 않습니다. 다음에서는 상세한 데이터가 공표된 것에만 한정하여 살펴보겠습니다.

가욕관의 신성고묘군에서 출토된 것 가운데 한 점이 「위감로2년(257)단청진묘병[魏甘露二年(257)段淸鎭墓瓶]」(72JXM1:9)입니다. 유감스럽게도 약 120자일 것으로 추정되는 진묘문은 절반도 석독할 수 없습니다. 그러나 문자의 숫자, 그리고 높이 19.0cm, 입 지름 14.0cm, 배 지름 14.5cm, 밑바닥 지름 11.5cm라는 크기는 돈황진묘병과 크게 차이가 나서 후한진묘병을 계승하고 있다는 것을 다분히 시사하고 있습니다. 신성고묘군에 인접한 주천의 서구고묘군에서 출토된 「연차미상(3세기?)장모진묘병(年次未詳張某鎭墓瓶)」(93JXM6:1)의 문장도 석독할 수 없는 부분이 적지 않지만 첫머리에 '천제(天帝)'가 있는 것 외에 '후사자(後死者)'처럼 후한진묘병과 공통되는 용어가 확인되기 때문에 역시 후한진묘병을 계승했다고 할 것입니다. 높이 20.0cm, 입 지름 10.3cm, 밑바닥 지름 9.8cm라는 비율[그림 27]이나 묘실 내의 전

[그림 27] 「年次未詳(3世紀?)張某鎭墓文」(模本)

실(前室)과 이실(耳室) 경계 주변에 놓여 있었다는 기록도 이런 추측을 뒷받침합니다.

또한 돈황과는 약간 떨어져 있지만 청해성 대통(大通)에 있는 상손가채고묘군(上孫家寨古墓群)에 속하는 묘에서 동시에 출토된 두 점의 「연차미상(3세기)모인진묘병(年次未詳某人鎭墓瓶)」가운데 하나에는 '남방(南方)'(乙 M4:19), 다른 하나에는 '중앙(中央)'(乙 M4:18)이라고만 기록되어 있습니다. 후한진묘병 가운데 중앙과 동서남북의 별자리를 열거한 「후한광화2년(179)2월은모진묘병(後漢光和二年二月殷某鎭墓瓶)」같은 사례가 있기 때문에 이두 점은 모두 문장 뜻이 완결된 진묘문이 쓰였을 것으로 생각합니다. 두 점 모두 높이가 15cm 정도이고 입 지름이 7cm 이상이며 밑바닥 지름이 9cm 정도이기 때문에 이것들 또한 후한진묘병의 변형으로 생각합니다.

이처럼 상세한 내용이 명확히 알려진 사례는 매우 적지만 서북지구에서 출토된 진묘병은 어느 것이든 3세기에 제작된 것이자 후한진묘병의 계보를 잇고 있는 것뿐입니다. 유일하게 돈황 동쪽의 인접 지역인 과주(瓜州)의 소륵하고묘군(疏勒河古墓群)에서 출토된 「전량건흥10년(322)3월등모진묘병[前涼建興十年(322)三月鄧某鎭墓瓶]」(M9:1)만은 진묘문에 대해서도, 기형에 대해서도 평가하기가 어렵습니다. 진묘문에는 '두병·오곡'이나 '청오口'나, '팔개구감(八開九坎)'도 적혀 있기 때문에 A형과 B형이 섞여 있는 돈황진묘문의 변형이라고 파악할 수 있습니다.

그러나 첫머리의 연월일에 이어서 '천제' 두 문자를 확실히 석독할 수 있습니다. 게다가 맨 끝에는 부록(符籙)이 첨부되어 있습니다. 또한 진묘병의 크기도 높이 11.0cm, 입 지름 5.3cm, 밑바닥 지름 7.0cm이어서 후한의 진묘병보다 꽤 작아 돈황의 진묘병에 가깝습니다. 그러나 기형이 호(壺)라기보다는 분명 병 모양이고 후한에도 유례를 찾기 힘든 팔각형의 면을 이루고 있습니다[그림 28]. 게다가 진묘병이 피장자의 왼쪽 어깨 가까이에 놓여 있었다는 출토상황을 보더라도 돈황의 진묘병에 매우 가깝습니다. 이 고묘군은 위치로 판단하건대 현성 소재지가 판명되지 않은 돈황군 주천현의 묘지일 가능성이 있습니다. 어쨌든 돈황군의 동쪽 끝으로 주천군에 접한 지역입니다. 진묘병, 진묘문에 나타난 복잡한 요소는 이러한 출토지의 위치에서 유래하는 것일까요? 앞으로의 연구를 기대하는 부분입니다. 단 이들

[그림 28] 「前涼建興十年(322)三月鄧某鎭墓文」(模本)

가운데 '천제' 두 글자를 확인할 수 있는 「연차미상(3세기?)장모진묘병」과 「전량건흥10년(322)3월등모진묘병」의 경우도 토지신이나 명계신을 열거했을 가능성을 쉽사리 고려할 수 없기에 후한진묘문의 영향이 농후하게 남으면서도 그 질서구조는 후퇴하였다고 생각합니다.

앞에서도 서술했듯이 무위의 한탄파고묘군에서도 진묘병이 출토되었다는 보고가 있었지만 상세한 내용은 전혀 알 수 없습니다. 또한 고대의 낙타성고묘군(駱駝城古墓群)에서 출토된 진묘병에 대해서도 거의 동일한 상황입니다. 그런데 이 두 고묘군에서는 수장의물소도 출토되었습니다. 의물소는 원래 부장품 목록이기 때문에 연인, 오곡 및 두병 등 극히 일부 부장품만을 열거한 A형 진묘문과 그 기능 면에서 공통점이 있습니다. 아울러 오호십육국시대가 되면 목록의 뒷면에 피장자의 안녕을 기원하는 문장이 작성되어 점점 진묘문과 기능이 중첩되게 됩니다. 따라서 한 사람의 피장자에 대해 진묘병과 의물소 둘 모두가 부장되는 사례는 없습니다. 돈황에서는 의물소가 출토된 사례는 보고되지 않았습니다. 아마 돈황에서는 일률적으로 또는 획일적으로 진묘병을 만들어 부장품으로 무덤에 넣었을 것입니다. 이것도 중요한 점입니다.

돈황과 대조적인 곳이 투루판입니다. 투루판의 아스타나·카라호자고묘군에서는 진묘병이 한 점도 출토되지 않은 대신에 종이로 작성된 의물소가 다수 출토되었던 것입니다[그림 29].

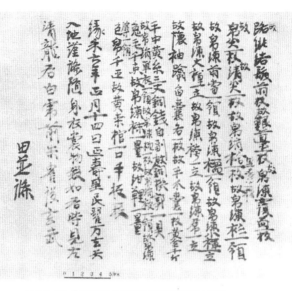

[그림 29] 「北涼綠禾六年(437)正月翟萬隨葬衣物疏」

이 지역에서는 배후에 있는 종교의식이 바뀌어 감에 따라 그 서식을 조금씩 바꿔가며 7세기 중엽까지 줄곧 의물소를 작성하여 묘에 넣었습니다[關尾史郎 2008B]. 많은 경우 작성된 종이를 공손히 접어서 피장자의 앞가슴에 놓아둔 듯합니다. 그곳은 돈황에서 B형 진묘문이 쓰여 있는 깨진 도발이 뒤엎어져 있던 위치이기도 합니다. 투루판에 이식된 것은 돈황의 진묘문문화가 아니라 하서지역의 다른 곳에서 행해지던 의물소문화일 것입니다. 이것은 장례풍습의 지역성이나 보편성에 관한 문제로서 다시 새롭게 고찰할 필요가 있습니다.

요점정리

 270년부터 420년에 이르는 약 150년 동안 돈황에서는 광대한 중국에서도 눈에 띄게 진묘병이 많이 등장했습니다. 장안과 낙양이라는 두 대도시와 그 주변에서 나온 후한시대의 진묘병이 모두 합쳐 64점밖에 안 된다는 점을 고려하면 공표된 것만으로도 157점에 이르는 돈황의 진묘병이 현저히 많기에 이 점을 설명하기가 상당히 곤혹스럽습니다. 앞으로 중국 각지에서 발굴조사가 아무리 진전되더라도 이 정도로 많은 진묘병이 한 지역에서 출토되지는 않을 것이라고 단언할 수 있을 정도입니다.

 그러나 거기에 쓰여 있는 진묘문만을 주목하여 후한의 진묘문과 비교하면 문장이 아주 짧고 그 구조도 단순한 것이 사실입니다. 그런데 후한진묘문의 여기저기에 보이는 용어가 돈황의 진묘문에서도 분명히 나타나기 때문에 장훈료·백빈 두 사람은 이들 용어를 하나하나씩 검토한 결과 천사도가 돈황을 중심으로 서북지구에도 퍼졌다고 합니다[張勳燎·白彬 2006]. 두 사람은 후한 말에 중원의 천사도 신자들이 하서지역에 진입하여 일부가 주천에 있었고 나머지 사람들이 돈황에 있으면서 각각 포교활동을 전개했다고 추측합니다. 돈황진묘병은 그러한 천사도 포교활동의 성과라고 할 수 있습니다. 이러한 가설은 가

118

장 새롭게 발표된 저효군(儲曉軍)의 주장[儲曉軍 2009]에도 수용되었습니다. 저효군의 주장을 요약하면 다음과 같습니다.

첫째, 후한 말부터 위·서진시대에는 혼란과 기근이 이어져 희생자가 속출하면서 죽은 사람을 정중히 매장할 수 없었다는 것, 둘째, 오호십육국시대의 주권자는 비한족으로 한족과는 다른 장례의식을 행했기 때문에 중원에서는 진묘병이 폐지되었지만 돈황을 비롯한 주변 지역에서는 계속해서 만들었다는 것, 그리고 셋째, 후한 말부터 위·서진시대에 중원에서는 불교가 성행하게 되어 종래 장례 풍속이 폐지되었다는 것입니다. 저효군는 이 세 가지를 돈황에서 진묘병이 많이 만들어진 원인으로서 지적하고 있습니다. 또한 저효군은 하서지역과 똑같이 대규모 전란이 닥치지 않은 강남지역에서도 중원에서 이주한 사람들 때문에 매지권(買地券)이 보급되었다고 합니다.

저효군은 진묘병에 도교계 신앙이 영향을 끼쳤다는 점을 인정하지만 그 계통에 대해서는 언급을 회피하며 자신의 분명한 입장을 내놓고 있지 않습니다.

그런데 진묘병이 보급된 과정에 대해서는 장훈료·백빈 두 사람의 가설로 이해되는 바가 있습니다. 그러나 어떠한가요? 앞에서 보았듯이 하서지역에서도 돈황 이외에서는 진묘병이 거의 출토되지 않았습니다. 이것은 장훈료·백빈의 가설에도 제기되는 문제인데 왜 돈황에서만 진묘병이 성행했던 것인지, 그리고 왜 독자적 문장구조를 가진 진묘문이 등장한 것인지 등의 의문에 대해서는 답이 없습니다. 이왕 이야기하는 김에 말하자면 매지권이 강남지역 특유의 유물이라는 통설도 재고할 필요가 있습니다. 하서지역의 중앙에 위치한 고대의 낙타성 유지[일찍이 건강군(建康郡) 표시현(表是縣)의 묘지였습니다]에서 목간에 적힌 수장의물소와 더불어 매지권 몇 점이 발견되었기 때문입니다 [町田隆吉 2010B]. 어느 것이든 오호십육국시대에 작성된 것입니다. 또한 확실히 중원에서도 불교가 성행했겠지만 그 이상으로 돈황을 비롯한 하서지역에서는 일찍부터 불교가 보급된 것은 아닐까요! 따라서 이런 견해는 우리 과제에 해답이 되지 않을 뿐만 아니라 틀렸다고 할 수 있습니다.

제2장의 마지막에 언급했듯이 기가만고묘군의 보고서[甘肅省文物考古硏究所(編) 1994]는 진묘문을 민간에 유포된 '미신의 산물'이라고 하면서도 그것이 돈황에서 성행한 배경에 '황로의 학'이나 '노장의 학'의 존재를 상정하고 있습니다[甘肅省文物考古硏究所(編) 1994]. 진묘문을 '미신의 산물'이라고 보는 데는 주저되지만 강백근(姜伯勤)도 돈황에서 황로도(黃老道)나 방선도[方仙道; 방사(方士)나 신선이 되기 위한 수양]의 보급과 이것들, 특히 후자를 기초로 한 천사도의 전개를 진묘문 성행의 배경으로 보고 있습니다[姜伯勤 1996].

진묘문이 돈황에서 성행한 배경에 대해서 이 두 주장의 이해 방향은 무척 근접한 듯합니다. 그러나 진묘문 자체에 대한 이해에는 커다란 간격이 있습니다. 천사도 신앙의 소산이라는 강백근의 이해는 누차 언급한 장훈료・백빈의 주장과 거의 중첩됩니다. 이에 대해 스즈키 마사타카는 신중한 입장을 취하여 후한 진묘병을 사용한 측과는 다른 '종교집단'이 돈황진묘병을 사용하면서 단지 양자 사이에 사상적 영향이 있었다는 점을 긍정하고 있습니다. 이에 대해 여흔(余欣)은 돈황진묘문이 완전한 문장구조를 갖추었을 때에야 후한진묘문의 기조라고 할 만한 여러 토지신이나 명계신으로 구성된 질서구조가 사라진 점을 특징으로 보고 있는 듯합니다[余欣 2006].

질서구조가 없어지고 전반적으로 단순화된 문장구조는 확실히 돈황진묘문의 특징이지만 이 또한 그 배후에 있었던 세계관이나 종교의식이 체계적이지 않았다는 사실을 이야기하는 것은 아닐까! 이렇게 생각할 수 있다면 거기에 특정한 종교결사의 존재를 상정하기란 어렵습니다. 확실히 돈황진묘문은 완전한 문장구조를 갖추었으면서도 획일화되고 개성 없는 구조였고 또한 많은 진묘병이 제작되었습니다. 그것은 마치 돈황에만 강한 영향력을 지닌 종교결사가 존재한 것 같은 인상을 줍니다. 그러나 진묘병을 피장자 가까이에 안치하는 것을 중시한 반면, 이승과 저승의 분단이나 연속이라는 문제를 강하게 의식하고 있었다는 흔적은 확인되지 않습니다. 많은 진묘병, 그 획일화된 개성 없는 진묘문의 문장구조, 그리고 수장의물소는 보이지 않고 진묘병만 부장되었다는 사실들은 돈황 사람들이 깊은 신앙심을 지녔으며 돈황사회가 조화로웠다는 것을 반영한 것은 아닐까! 이것이 이 책의 관점입니다.

제3장

화상전

이 장에서는 돈황 교외의 세 고묘군에서 출토된 화상전과 그 출토묘, 즉 화상전묘에 대해 하서지역의 다른 지방과 비교하면서 살펴보고자 합니다.

다만 화상전이 한 점이라도 묘 안에 있다면 화상전묘라고 부를 수 있을까 하는 문제가 있습니다. 여기에서는 화상전이 묘벽 등에 건축재료로 사용된 묘를 화상전묘로 부르고자 합니다. 앞서 제1장에서 제시한 묘주 부부를 그린 화상전은 묘 안에 걸쳐 세워진 것이기에 이런 사례는 대상에 제외하고자 합니다. 기가만고묘군에는 이 화상전이 출토된 제369호묘 이외에도 제301호묘와 제310호묘의 묘실 뒷벽 아래에 화상전이 세워져 있는데 모두 대상에서 제외하였습니다.

돈황에서 화상전의 존재가 확인된 것은 제1장에서 언급했던 1944년에 당시 역사어언연구소가 조직한 서북과학고찰단의 역사고고조가 발굴조사를 했을 무렵입니다. 이 조사로 돈황뿐만 아니라 하서지역에서 최초로 화상전묘가 발견됩니다. 기념할 만한 일입니다. 이때 출토된 화상전은 요 몇 년 사이에 겨우 재평가가 진행되고 있지만 아직 전모는 명확하지 않습니다.

1970~1980년대에 들어서면서 하서지역 각지에서 화상전묘

나 벽화묘의 존재가 확인되었습니다. 그러나 개별적으로 작은 도록이 출판되었을 뿐 연구에는 그다지 진전이 없었습니다. 최근에서야 대형 도록본 『감숙출토위진당묘벽화(甘肅出土魏晉唐墓壁畵)』[俄軍·鄭炳林高國祥(主編) 2009]가 겨우 간행되었습니다. 이 책에는 하서지역에서 출토된 전화나 벽화가 두루 수록되었지만 유감스럽게도 전체를 망라했다고 하기에는 다소 거리감이 있고 채록 기준도 불명확하며 자의적이기까지 합니다. 또한 벽화묘 가운데에는 이미 다시 묻어 사진만 남아 있는 것도 있습니다. 대기에 접촉하면 벽화의 색이 바래기 때문에 이것은 어쩔 수 없는 조치이지만 만족스러운 기록이 남아 있지 않아 연구의 진전을 가로막고 있습니다.

이런 사정으로 이 장의 기술도 매우 불명확한 정보에 의거하였습니다. 이 점 양해를 구합니다.

화상전묘의 분포상황

진묘병에 대한 서술과 똑같이 우선 화상전묘의 분포상황에 대해 개관하고자 합니다. 먼저 돈황의 화상전묘입니다[표 3].

[표 3] 돈황화상전묘 일람

고묘군 (발굴연도 · 약칭번호)	종류	화상전 수	구조	출전
신점대(87DFM133)	전실(磚室)	54?	전실(前室) · 후실(後室) 이실(耳室)	[甘肅省文物考古研究所 (編), 1998]
신점대(95DFM37)	전실	42?	묘실(墓室) · 이실	〃
신점대(95DFM39)	전실	29?	묘실 · 이실2	〃
신점대(95DFM91)	토갱(土坑)	7	·	〃
신점대(95DFM118)	토갱	19	전실 · 후실	〃
신점대(95DFM167)	토갱	5	·	〃
불야묘만(44FYM1001)	전실	60+α	묘실 · 이실	[閭文儒 1950, 郭永利 · 楊惠 福 2007, 張明川 1978, 北村永 2010]
불야묘만(91DFM1)	전실	36+α	묘실 · 이실	[殷光明 2006 · 2008]
기가만(76DQM3)	전실	불명	묘실 · 이실	[敦煌縣博物館考古組 · 北京大學考古實習隊 1987]

※ 신점대고묘군이라고 한 6기는 약칭번호상 불야묘만이 되지만[DFM은 敦煌(Dunhuang) · 佛爺廟灣 (Foyemiaowan) · 墓(Mu)를 의미] 현재의 돈황공항에 입지하고 있고 명확히 신점대고묘군에 포함되어야 하기에 표에서는 이렇게 처리함. 화상전의 수는 가로 30cm 이상, 세로 15cm 이상의 것을 중심으로 산출하였음. 이것보다 작은 화상전은 보조적인 의미를 지니고 있기 때문임.

화상전묘임이 분명한 것은 전부 9기입니다. 의외로 적다고 생각하실 것입니다. 실제로는 이외에도 불야묘만고묘군을 중심으로 출토된 화상전이 일부 소개된 묘가 10기 가까이 있습니다 [關尾史郎 2010]. 그러나 상세한 내용을 전혀 모르기 때문에 여기에서는 생략했습니다. 이것들을 포함하면 돈황 전체에서 20기 정도의 화상전묘가 발견된 셈입니다. 또한 기가만고묘군에서는 화상전이 3기의 묘에서 출토되었다는 것은 앞에서 서술한 대로이지만 전반적으로 말하면 기가만고묘군, 즉 서교묘에는 동교묘에 비해 화상전묘가 적습니다.

이 9기 가운데 진묘병이 출토된 것은 불야묘만고묘군의 1001호묘뿐입니다. 게다가 거기에 쓰여 있는 두 점의「연차미상적종영진묘문(年次未詳翟宗盈鎭墓門)」(44FYM1001 출토)에는 기년이 없습니다. 서진시대로 보는 견해도 있지만[郭永利·楊惠福 2007] 단정할 수 있는 단계는 아닙니다. 따라서 9기 어느 것이든 축조시대를 확정할 수 없습니다. 이것이 가장 큰 어려운 점이지만 대체로 위·서진시대를 중심으로 축조되었을 것입니다.

이어서 돈황 이외의 하서지역에 있는 화상전묘에 대해서도 분포상황을 살펴보고자 합니다[표 4].

[표 4] 하서지역 화상전묘 일람

고묘군/고묘 (발굴연도·약칭번호)	구군(舊郡)·현명(縣名)	출전·해설
과주(瓜州)·답실(踏室)/1998, 2호묘	진창(晉昌)·명안(冥安)	[關尾史郎 2010]
과주·답실/1998, 9호묘	진창·명안	〃
과주·십공산(十工山)/2007	진창·의화(宜禾)	〃
가욕관·신성(新城)/72JXM1	주천·녹복(祿福)	[關尾史郎 2006A]
가욕관·신성/72JXM3	주천·녹복	〃
가욕관·신성/72JXM4	주천·녹복	〃
가욕관·신성/72JXM5	주천·녹복	〃
가욕관·신성/72JXM6	주천·녹복	〃
가욕관·신성/72JXM7	주천·녹복	〃
가욕관·신성/72JXM12	주천·녹복	〃
가욕관·신성/72JXM13	주천·녹복	〃
가욕관·패방량(牌坊梁)/1972	불명	〃
주천·하하청(下河淸)/1956, 1호묘	주천·낙관(樂官)?	[關尾史郎 2006A]
주천·석묘자탄(石廟子灘)/1974	불명	〃
주천·최가남만(崔家南灣)/1973, 1호묘	주천·안미(安彌)?	〃
주천·고갑구(高閘溝)/1993	불명	〃
주천·서구(西溝)/93JXM5	주천·녹복	〃
주천·서구/93JXM6	주천·녹복	〃
주천·서구/93JXM7	주천·녹복	〃
고대·낙타성(駱駝城)/01GLM	건강(建康)·표시(表是)	[關尾史郎 2006A]
고대·낙타성남(駱駝城南)/1994	건강·표시	〃
고대·허삼만(許三灣)/1993	건강·표시?	[俄軍·鄭炳林·高國祥 主 編 2009, 寇克紅 2010]
고대·허삼만/1993	건강·표시?	[俄軍·鄭炳林·高國祥 (主編) 2009]

※ 화상전의 출토 수가 몇 점밖에 안 되는 묘와 출토 수가 명확하지 않은 묘는 제외하였음. 또한 舊郡·縣名 항목에는 오호십육국시대의 명칭을 명기하였음. 진창군은 돈황군과 주천군 두 군에서 분치되었고 건강군은 주천군에서 분치되었음.

진묘병이 돈황의 세 고묘군에서 집중적으로 출토된 것처럼 화상전묘도 하서지역에 구석구석까지 분포한 것은 아니며 위·서진시대의 주천군과 돈황군 두 군, 즉 현재 행정구역으로는 고대, 주천, 가욕관, 과주, 그리고 돈황에서만 출토되었습니다. 이 외에 동쪽의 영창[永昌; 장액군(張掖郡) 번화현(番和縣)]에서도 출토되었다는 보고가 있었지만 상세한 내용은 분명하지 않습니다. 또한 이외에 묘실의 벽면 전부를 이용한 벽화묘 몇 기가 발견되었습니다. 이것들은 고대의 지경파고묘군[地埂坡古墓群; 주천군 회수현(會水縣)], 주천의 정가갑고묘군[丁家閘古墓群; 주천군 녹복현(祿福縣)] 등 외에 조금 동쪽에 위치한 민락(民樂)의 팔괘영고묘군[八卦營古墓群; 장액군 저지현(氐池縣)]에서도 발견되었습니다. 더 서쪽으로 투루판의 아스타나·카라호자고묘군(고창군 고창현)에도 포함되어 있지만[町田隆吉 2010A] 돈황에서는 벽화묘의 존재는 알려지지 않았습니다. 이것도 돈황의 특징 중 하나라고 할 수 있습니다. 이 가운데 화상전묘에 대해서는 앞의 분포상황을 근거로 하여 주천(이곳은 일찍이 주천군의 중심지이기도 했습니다)을 중심으로 동쪽의 고대나 서쪽의 돈황으로 보급되었다는 견해도 있을 정도입니다[張寶璽 2001]. 이제 축조연대를 살펴보면 가욕관·신성 1호묘(72JXM1)에서는 제2장에서 소개했던 「위감로2년(257)단청진묘병」(72JXM1:9)이 출토되었는데 3세기 중반이라는 것을 알 수 있지만 그 이외의 것은 연대를 역시 특정할 수는 없습니다.

그런데 이들 화상전묘 가운데 가욕관·신성고묘군의 화상전묘가 비교적 일찍부터 알려졌습니다. 그리고 농경이나 주거 등 일상생활의 한 면을 그린 화상전은 사료로서 자주 이용되어 왔

습니다. 그와는 반대로 돈황의 화상전묘는 출토 연대가 늦은 점
도 있어서 그다지 알려지지 않았습니다. 1944년에 불야묘만고
묘군에서 출토된 화상전도 앞서 서술했듯이 매우 최근에서야
'재발견'되었을 뿐입니다. 그러나 여태껏 잘 알려지지 않게 된
최대 이유는 사료로서 이용 가치가 크지 않다는 생각 때문입니
다. 여기에서는 주요한 화상전묘를 소개하면서 검토해 보고자
합니다.

돈황화상전의 모티브

다시 [표 3]을 보아주십시오. 돈황의 화상전묘에는 토갱묘가 포함되어 있다는 것은 아실 것입니다. 9기 가운데 3기가 토갱묘입니다. 결국 묘실의 벽에 벽돌을 사용하지 않은 것입니다. 묘벽은 흙을 파내어 평평하게 했을 뿐입니다. 여기에는 화상전을 사용할 필요가 없습니다. 그럼에도 불구하고 어떻게 '화상전묘'라고 하는가 하면 그것은 묘문의 윗부분에 화상전을 쌓아올렸기 때문입니다. 이것이 돈황화상전묘의 가장 큰 특징입니다. 이 부분을 조벽(照壁)이라고 부릅니다. 확실히 가욕관·신성고묘군의 화상전묘에도 벽을 쌓아올려서 그럴듯한 조벽을 만들었습니다. 그러나 조벽의 벽돌 가운데 화상전의 비율은 낮습니다. 돈황의 경우 조벽에 끼워 넣은 벽돌 대부분이 화상전입니다. 가욕관의 경우 묘벽이야말로 화상전을 많이 이용한 벽면이기에 조벽에 화상전을 많이 사용한 돈황과는 명백하게 다르고 대조를 이룹니다. 또한 돈황의 경우 토갱묘이면서도 화상전묘인 이유는 여기에 있는 것입니다.

이 점에 대해서는 다시 자세히 서술하기로 하고 화상전의 구체적인 모티브에 대해서 묘 몇 개를 들어 살펴보고자 합니다. 우선 은광명(殷光明)이 상세한 보고서[殷光明 2006·2008]를 제출한 불야묘만고묘군의 1호묘(91DFM1)입니다. 이 묘는 현재 공개되어 있기 때문에 쉽게 참관할 수 있습니다. 묘의 구조는 단실이며 왼쪽에는 이실이, 오른쪽에는 벽감(壁龕)이 설치되어 있습니다. 전실묘라는 것, 다른 3기와 함께 묘역 가운데에 있는 것, 묘실의 뒷벽에 그려진 피장자 부부의 남성이 관을 쓰고 있다는 것, 그리고 조벽이 이중으로 되어 있는 것 등으로 판단하건대 돈황에서도 상당한 명족의 묘였을 것으로 추측됩니다. 화상전도 포함하여 이 묘에 사용된 벽돌에는 가로 29cm, 세로 15cm, 두께 5cm의 장방형과 가로세로 36cm, 두께 5cm의 정방형 두 종류가 있지만 화상전 가운데 대부분은 전자의 장방형

벽돌이 사용되었고 제1층만 정방형의 벽돌을 끼워 넣었습니다. 전화(磚畵)는 모두 벽돌 표면을 하얗게 칠하고 네 변을 붉은 색으로 테를 두른 후 그 가운데 검은색과 붉은색 및 그 중간색을 사용하여 그렸습니다[그림 3].

화상전은 이중으로 된 조벽에 끼워 넣은 것인데 유감스럽게도 도굴 때문에 일부는 현재 남아 있지 않습니다. 조

[그림 30] 돈황·불야묘만 1호묘 조벽
(앞-바깥 조벽, 안-안쪽 조벽)

벽의 높이는 안팎 모두 4.73m에 이릅니다. 앞서 언급했던 은광명의 검토 결과에 따라서 벽돌에 그려진 도상을 제시하면 다음과 같습니다. 층의 순서는 윗부분부터이고 같은 층에서는 왼쪽부터 썼습니다. 또한 밑줄을 붙인 것은 그려진 도상에 관한 제기(題記)가 그 벽돌에 묵서(墨書)로 쓰여 있는 것입니다.

⑪ 돈황·불야교만 1호묘 화상전 도상[殷光明 2006·2008] [그림 30]

[바깥 조벽]

제1층: 여와(女媧) │ 동왕공(東王公) │ 복희(伏羲)

제2층: <u>상양(尙陽)</u>(오른쪽 방향) │ <u>기린(麒麟)</u>(오른쪽 방향) │ <u>봉(鳳)</u>(왼쪽 방향) │ <u>상양</u>(왼쪽 방향)

제3층: 모조(模造) │ <u>낙서(洛書)</u>(오른쪽 방향) │ <u>하도(河圖)</u>(왼쪽 방향) │ 모조

제4층: <u>주작(朱雀)</u>(오른쪽 방향) │ 역사(力士)(오른쪽 방향) │ <u>역사</u>(왼쪽 방향) │ <u>주작</u>(왼쪽 방향)

제5층: 모조 │ 모조 │ 모조 │ 모조

제6층: 모조 │ 모조 │ 모조 │ 모조 │ 모조

제7층: <u>수복(受福)</u>(오른쪽 방향) │ 결손 │ 결손 │ <u>사리(舍利)</u>(왼쪽 방향)

제8층: <u>백토(白兎)</u>(오른쪽 방향) │ <u>녹(鹿)</u>(오른쪽 방향) │ 녹(왼

쪽 방향) ┃ 백토(왼쪽 방향)

[안쪽 조벽]

제1층: 만전(萬鱣)(오른쪽 방향) ┃ 만전(왼쪽 방향)

제2층: 아어(兒魚)(오른쪽 방향) ┃ 결손 ┃ 결손 ┃ 아어(왼쪽 방향)

제3층: 천추(千秋)(오른쪽 방향) ┃ 호랑이를 쏘는 이광(李廣) ┃
　　　산속의 호랑이 ┃ 천추(왼쪽 방향)

제4층: 모조 ┃ 모조 ┃ 모조 ┃ 모조

제5층: 모조 ┃ 모조 결손 ┃ 모조 결손 ┃ 모조

제6층: 백호(白虎)(오른쪽 방향) ┃ 모조 결손 ┃ 모조 결손 ┃ 청
　　　룡(靑龍)(왼쪽 방향)

제7층: 모조 ┃ 적조(赤鳥)(오른쪽 방향) ┃ 모조 ┃ 모조 ┃ 적조
　　　(왼쪽 방향) ┃ 모조

제8층: 원타(黿鼉)(오른쪽 방향) ┃ 희표(戲豹)(오른쪽 방향) ┃
　　　방상씨(方相氏) ┃ 희표(왼쪽 방향) ┃ 원타(왼쪽 방향)

　이외에도 묘실 안에는 각각 하도와 앵무[鸚鵡]를 그린 화상전
이 각 한 점씩 놓여 있습니다. 아마 원래 조벽에 있었던 것이겠
지만 구체적인 위치까지는 알 수 없습니다.

　안팎 조벽 모두 중간 부분은 실제 문궐(門闕)을 본뜬 모습으
로 되어 있고 화상전이 끼워져 있지는 않습니다. 또한 이 이외
에도 두공(枓栱; 마룻대를 바치는 사각형의 기둥)을 모방한 벽

돌도 있어 이것을 일괄하여 '모조(模造)'라고 표기했습니다. 현재 남아 있는 화상전은 이것을 제외하면 모두 36점입니다. 그러나 이렇게 적어 보아도 화상전 하나하나의 구체적 내용은 속 시원히 알 수 없습니다. 밑줄을 그은 명칭 대부분이 신수(神獸; 실재하지 않은 신성성을 지닌 동물)라는 것 정도만 알 수 있을 뿐입니다.

다만 안쪽 조벽의 제3층에 있는 이광만은 실재 인물로서 『사기(史記)』와 『한서(漢書)』에 열전이 있습니다. 농서[隴西; 지금의 감숙성 임조현(臨洮縣)] 출신인 이광은 무제의 흉노 토벌에도 공적을 남긴 장군이며 돌을 호랑이로 잘못 보고 활을 쏘았는데 그 화살이 돌을 뚫었다는 일화가 있는 유명한 궁수입니다. 최후에는 흉노전쟁에서 패배하여 자살하였는데 이릉(李陵)이 그의 손자입니다. 이 조벽에서도 오른쪽 벽돌에 그려진 호랑이를 향해 말을 타고 활을 쏘고 있어 두 개의 벽돌로 한 장면을 묘사하고 있습니다. 혹 이광노 명궁수로서 신석화된 것일 수 있으나 확실한 증거는 없습니다. 제기가 없는 바깥 조벽의 제1층에 있는 복희, 여와와 동왕공(동왕의 아버지), 똑같이 제4층의 역사(2점 가운데 1점에 제기가 있습니다) 등도 역시 실재하지 않는 신화 속의 존재입니다.

5세기 말에 완성된 『송서(宋書)』에는 「부서지(符瑞志)」가 있는데 한대 이래 있었던 상서로운 징조를 열거하고 있습니다. 앞에 제시한 신수들 가운데에서는 상서로운 짐승으로 그 이름을 여

136

기에서 찾을 수 있는 것도 있습니다. 예를 들면 기린[수컷이 기(麒)이고 암컷이 린(麟)입니다]은 인수(仁獸; 인자한 짐승)로서 첫머리에 그 이름이 보입니다. 다음에 보이는 것이 인조(仁鳥; 인자한 새)인 봉황[봉(鳳)이 수컷이고 황(凰)이 암컷입니다]입니다.

「부서지」에 기재된 신수로 안팎 조벽에 있는 신수와 일치한다고 여겨지는 것으로 신조[神鳥; '적신(赤神)의 정령'으로 조벽의 적조(赤鳥)일까요?], 하도(땅의 길조), 청룡, 낙서(하늘의 길조), 백록[녹(鹿)과 같은 것일까요?], 백호, 주작[단서(丹書)를 물고 있습니다], 백토 및 앵무 등이 있습니다. 이외에도 실체는 같지만 명칭이 달라 같다고 확정지을 수 없는 것도 있습니다. 그러나 어쨌든 조벽에 그려진 신수 가운데 절반은 당시 상서로운 짐승으로 널리 알려져 있었을 가능성이 높습니다. 또한 사신(四神)에 속하는 청룡과 백호 등은 그렇다 치고 기린, 봉(바깥 조벽의 제2층), 낙서, 하도(바깥 조벽의 제3층), 주작(바깥 조벽의 제4층), 백록, 백토(바깥 조벽의 제8층) 등의 조벽 층위와 「부서지」의 게재 순서가 거의 일치한다는 것도 주목할 만합니다. 신수(상서로운 짐승)의 서열 같은 것이 정착되어 있었을 것입니다.

한편 이것 이외의 신수에 대해서도 은광명의 성과에 따라서 간단히 소개하고자 합니다.

우선 바깥 조벽 제2층에 있는 상양[그림 31]입니다. 상양(商羊)으로도 부르는 외다리 새로 한대에 편찬된 책에는 비를 예고하는 능력을 지닌 새로 나타나 있습니다. 제7층에는 일각수인 사리와

[그림 31] 상양을 그린 화상전

[그림 32] 희표를 그린 화상전

짐승머리에 사람 몸체를 한 수복이 있지만 그에 대한 상세한 내용은 알 수 없습니다. 후자에 대해서 보고서[甘肅省文物考古研究所(編) 1994]는 『산해경(山海經)』 등에 나오는 반호(盤瓠)에 견주기도 하지만 확실한 증거는 없습니다. 안쪽 조벽의 제1층에 있는 만전은 두 겹의 날개를 달고 있어 중국에서 가장 오래된 지리서라는 『산해경』에 있는 비어(飛魚)라고 비정하고 있습니다. 이것을 먹으면 '치모(痔牡)'를 치료할 수 있다고 합니다. 또한 제2층의 아어는 사람 얼굴을 하고 있어 역시 『산해경』에 있는 인어에 비정되어 이것을 먹으면 '치질(痴疾)'에 걸리지 않는다고 합니다. 제3층의 천추는 사람 머리에 새 몸체를 지닌 것으로 길상을 나타냅니다. 제6층에 대해서는 뒤에서 서술하겠습니다. 제8층에 있는 원타도 일각수로서 날개를 달고 있습니다. 은광명은 양자강의 악어가 원형이 아닐까라고 추정했지만 상세한 것은 알 수 없습니다. 희표[그림 32]도 일각수이지만 잘 알 수 없습니다.

신수로서는 이들 외에 안쪽 조벽의 하단부인 제6층에 사신

138

(四神) 가운데 백호와 청룡만이 그려져 있습니다. 무슨 까닭인지 나머지 주작과 현무가 보이지 않습니다. 또한 백호는 서쪽을, 청룡은 동쪽을 각각 수호한다고 생각들 하지만 묘실이 동쪽을 향하고 있기 때문에 백호전이 끼워진 왼쪽 끝은 북쪽, 청룡전이 있는 오른쪽 끝은 남쪽이 됩니다(본래 북쪽을 수호하는 것은 현무이고 남쪽은 주작입니다). 실제로 묘가 동서 방향으로 축조된 이상 청룡·백호 두 벽돌을 적절한 위치에 배치하는 것은 어려웠을 터이지만 벽돌의 위치로 보면 이런 원칙은 경시 내지 무시된 듯합니다. 또한 『송서』「부서지」에서는 별달리 특필하지 않았지만 예전부터 많은 신수 가운데 이 사신은 특별히 여러 신을 가까이에서 모시기 때문에 높은 지위를 부여받았습니다. 그러한 청룡과 백호가 바깥 조벽의 제2층에 있는 동왕공으로부터 상당히 떨어진 안쪽 조벽 하단부에 배치된 것을 어떻게 해석하면 좋을까라는 문제도 남아 있습니다.

정체불명의 신수도 있지만 『송서』「부서지」의 상서로운 짐승과 중첩되는 것이 적지 않기 때문에 조벽에 배열된 것은 모두 상서로운 짐승일 것으로 생각합니다. 유일하게 안쪽 조벽의 제8층에 있는 방상씨만이 장례행렬을 선도하는 일을 맡은 귀신입니다.

많은 신수에 시선을 빼앗겨 설명의 순서가 거꾸로 되었지만 바깥 조벽의 제1층에는 제2층 이하와는 달리 정방형의 큰 벽돌이 사용되고 중앙에 동왕공, 그 좌우에 복희와 여와를 그린 벽돌이 배치되었습니다. 벽돌의 크기가 이들 세 신이 제2층 이하

[그림 33] 동왕공을 그린 화상전

의 신수보다도 높은 신성성을 지녔다는 것을 나타내고 있습니다. 기타무라 하루카(北村永)에 의하면[北村永 2006] 동왕공은 서왕모(西王母)와 짝을 이루는 신으로서 후한시대의 화상석에도 등장하지만 여기에서

는 단독으로 또한 날개가 달린 모습으로 그려져 있습니다[그림 33]. 동쪽을 향해 설치된 묘실의 입구인 묘문의 최상단부 중앙에 동왕공을 그린 대형 벽돌이 끼워져 있다는 것은 피장자가 신선이 되어 날아올라 향하는 곳이 동쪽이라는 것을 상징합니다. 최하단부 중앙에 끼워 넣은 방상씨 벽돌과 대조를 이루고 있습니다. 또한 동왕공의 양옆에 사람 머리에 뱀의 몸을 한 모

[그림 34] 복희를 그린 화상전(오른쪽)과 여와를 그린 화상전(왼쪽)

140

습으로 배치되어 있는 복희와 여왜[그림 34]는 천지창조에 관여한 신으로서 각종 고전에 등장하는 존재입니다.

이 불야묘만고묘군 1호묘는 전실묘입니다. 그런데 묘실 안에는 뒷벽인 동벽의 벽면을 하얗게 칠하고 거기에 피장자 부부의 연음도(宴飲圖)를 그렸을 뿐 그 밖에 벽돌그림은 전혀 없습니다. 결국 전실묘라도 묘실 안의 벽돌에는 도상이 그려져 있지 않은 것입니다. 이것은 현재 불야묘만고묘군 1호묘의 옆으로 옮겨서 만든 133호묘에도 해당됩니다. 이 묘도 전실묘인데 전실과 후실을 중심으로 하여 전실에는 이실과 2개의 감이 부속되어 있습니다. 돈황에서는 손에 꼽히는 대형묘인데[그림 35] 묘실의 벽면에 끼워 넣은

[그림 35] 돈황 133호묘의 평면도

화상전은 전실의 앞벽인 서벽에 겨우 두 점만 있을 뿐입니다. 한 점은 양식을 바라보고 있는 모습을 그린 것이고 다른 한 점은 양식을 퍼내는 모습을 그린 것(87DFM133: 西-右)입니다[그림 36]. 이처럼 묘실 안에 화상전이 적은 것과는 대조적으로 조벽에 끼워

[그림 36] 돈황 133호묘의 전실 화상전

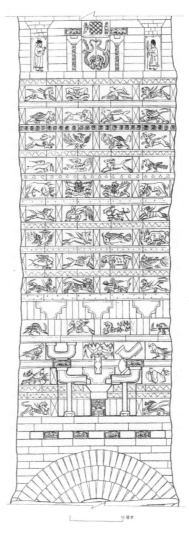

[그림 37] 돈황 133호묘 조벽의 모사도

142

넣은 화상전은 불야묘만고묘군 1호묘에 필적할 정도로 풍부함을 과시하고 있습니다[그림 37]. 보고서에 의거하여[甘肅省文物考古研究所(編) 1998] 그 내용을 정리해 보겠습니다. 그런데 보고서에는 최상단부에 세로로 배치한 화상전을 층위에 포함하지 않아 여기에서는 편의적으로 이것을 제0층으로 취급하겠습니다. 밑줄을 그은 것은 불야묘만고묘군 1호묘의 제기 등에서 유추한 것입니다. 또한 제10층 이하에는 문궐이나 두공을 본뜬 구조물 때문에 약간 작은 벽돌도 사용되었습니다.

⑫ 돈황 113호묘 화상전 도상([甘肅省文物考古研究所(編) 1998]을 준용한 것입니다.)

제0층: 자루를 쥔 여자 노비(오른쪽 방향) 호랑이·우수인신(牛首人身) ┃ 호랑이·계수인신(鷄首人身) ┃ 비를 쥔 남자 노비(왼쪽 방향) (우수인신과 계수인신은 가로 방향으로 놓인 벽돌의 좌우 양끝에 그려져 있습니다.)

제1층: 날개를 단 신마(神馬)(오른쪽 방향) ┃ 관을 쓴 역사 ┃ 우인(羽人)(왼쪽 방향) ┃ 날개를 단 신마(왼쪽 방향)

제2층: 낙서(오른쪽 방향) ┃ 날개를 단 신양(神羊)(오른쪽 방향) ┃ 날개를 단 신양(왼쪽 방향) ┃ 하도(왼쪽 방향)

제3층: 날개를 단 신토(오른쪽 방향) ┃ 주작(오른쪽 방향) ┃ 현무(왼쪽 방향) ┃ 날개를 단 신토(왼쪽 방향)

제4층: 인끈을 문 현조(玄鳥)(오른쪽 방향) ┃ 봉(오른쪽 방향) ┃
인록(왼쪽 방향) ┃ 깃을 문 신작(神雀)(왼쪽 방향)

제5층: 천록(오른쪽 방향) ┃ 방상 ┃ 방상(왼쪽 방향) ┃ 천록
(왼쪽 방향)

제6층: 귀 네 개의 신수(오른쪽 방향) ┃ 토끼를 쪼는 적조 ┃
지팡이를 짚은 인물 ┃ 귀 다섯과 다리 여섯의 신수(왼
쪽 방향)

제7층: 머리 둘을 가진 주작(오른쪽 방향) ┃ 머리 둘을 가진
날짐승(오른쪽 방향) ┃ 머리 둘을 가진 고기(왼쪽 방
향) ┃ 뿔이 큰 신록(왼쪽 방향)

제8층: 비어(오른쪽 방향) ┃ 인록(오른쪽 방향) ┃ 백상(白象)
(왼쪽 방향) ┃ 대예(大鯢)(왼쪽 방향)

제9층: 벽사(辟邪)(오른쪽 방향) ┃ 기린(오른쪽 방향) ┃ 수복
(왼쪽 방향) ┃ 벽사(왼쪽 방향)

제10층: 적조(오른쪽 방향) ┃ 활을 당기는 이광 ┃ 화살을 맞
은 호랑이(왼쪽 방향) ┃ 적조(왼쪽 방향)

제11층: 앵무(오른쪽 방향) ┃ 산을 밀어 올리는 역사 ┃ 앵무
(왼쪽 방향)

제12층: 거문고를 타는 백아(伯牙)(오른쪽 방향) ┃ 거문고를
듣는 자기(子期)(왼쪽 방향)

제13층: 백호(오른쪽 방향) ┃ 곰 얼굴을 한 역사 ┃ 청룡(왼쪽
방향)

144

이 묘의 조벽도 1호묘와 거의 같은 신수가 그려져 있는 화상전이 차지하고 있습니다. 단지 제7층에는 머리가 둘 달린 신수가 나란히 있어 언뜻 보면 기괴한 인상을 받습니다. 이외에도 불야묘만고묘군 1호묘의 그것과 다른 몇 가지가 있습니다. 열거해 보도록 하겠습니다.

우선 첫째, 청룡과 백호만이 아니라 주작이나 현무가 그려진 벽돌도 있어 사신이 모두 갖추어져 있습니다. 그런데 1호묘처럼 묘실이 동쪽에 설치되어 있기 때문에 왼쪽이 북쪽이고 오른쪽이 남쪽인데 북쪽을 수호해야 하는 현무가 오른쪽에, 남쪽을 수호해야 하는 주작이 왼쪽에 배치되어 있어 여기에서도 원칙이 준수되지 않았습니다. 청룡과 백호가 아래쪽에 위치한 점은 1호묘와 동일하지만 여기에서는 가장 아랫 부분에 위치하였습니다. 둘째로 1호묘에서는 최하단부에 있던 방상씨가 이 묘에서는 제5층에 나란히 있다는 것입니다. 이것도 다른 점이지만 왜 그런지는 알 수 없습니다. 또한 셋째로 제12층에 거문고를 타는 백아와 그것을 듣는 자기가 그려져 있습니다. 이것은 이광이 호랑이를 쏘는 도상과 함께 돈황에서는 일반적인 도상이지만 이 두 사람이 짝을 이루는 사례는 동경(銅鏡)에도 많은 사례가 있어 이미 신선으로서 위상이 인정되었다고 생각합니다[林巳奈夫 1989, 北村永 2010B]. 넷째로 제8층에 그려진 백상이 있습니다[그림 38]. 이것도 돈황에서는 일반적인 도상입니다[그림 3]. 보고서는 이 백상에 불교의 영향을 인정하는 입장을 취하고

[그림 38] 백상을 그린 화상전(模本)

있지만 『송서』「부서지」에도 상서로운 짐승으로서 기재되어 있습니다. 따라서 불교와는 구별하여 생각해야 할 것 같습니다. 이 화상전에만 한정하여 불교의 영향이 있다고 생각하는 것은 부자연스럽습니다.

　다섯째는 더욱 주목해야 하는 점입니다. 1호묘에서는 동왕공이 배치된 조벽의 최상부 중앙에 한 쌍의 호랑이가 그려져 있다는 것입니다[그림 39]. 양옆의 인물상은 가까이에서 모시는 사람이고 호랑이 위에 작게 그려진 소머리나 닭머리의 인신상도 그 크기가 작은 것으로 보아 호랑이를 가까이에서 모시고 있는 모습이라고 생각합니다. 호랑이는 용맹한 동물이기 때문에 묘를 수호해 줄 것이라는 기대를 받았다고 보고서는 주장하였습니다. 그것만이 이유일지에 대해서는 신중하게 판단할 필요가 있습니다. 이 같은 두 마리 호랑이가 가욕관·신성고묘군

[그림 39] 한 쌍의 호랑이를 그린 화상전

5호묘와 6호묘 등의 조벽 위에 그려져 있습니다.

지금까지 돈황의 화상전에 대해서 불야묘만고묘군 1호묘와 133호묘를 소개하면서 검토하였습니다.

토갱묘는 말할 것도 없지만 전실묘라도 묘실에는 없으나 묘문 위의 조벽에 많은 화상전이 끼워 들어가 있는 것이 돈황화상전에서 보이는 특징입니다. 이 두 묘는 그 대표적인 사례라고 할 수 있습니다. 묘실 내에 적은 수의 화상전은 생활도를 중심으로 한 것인데 생산, 조리, 음식 등 생활 여러 방면에 걸친 것이 아니라 매우 한정된 한 장면을 묘사한 것에 지나지 않습니다. 또한 조벽의 화상전 대부분이 각종 신수를 그린 것도 강조

[그림 40] 동왕공을 그린 화상전[墨磚]

할 점입니다. 1호묘에서는 조벽의 최상단부에 동왕공이나 복희와 여희가 그려져 있었습니다. 하지만 그러한 묘가 많지는 않습니다. 살펴본 바로는 한 사례가 더 확인될 뿐이었습니다[그림 40]. 이에 대해서는 유감스럽게도 출토묘나 묘 내의 위치 등에 관한 정보가 전혀 공개되지 않았지만 서왕모와 동왕공이 그려진 검은 벽돌[묵전(墨磚)]이 함께 출토되었습니다. 이것을 제외하면 불야묘만고묘군의 1호묘 이외에 서왕모·동왕공도, 복희·여화도 돈황에서는 묘의 벽돌에 그려진 것은 없으며 모티브 대부분은 여러 종류의 다양한 신수와 백아·자기 같은 신선이었습니다. 그렇다면 왜 묘문 위의 조벽에 신수나 신선으로만 대상을 좁혀서 그렸던 것일까요? 혹은 그러한 화상전을 끼워 넣은 것일까요?

이 문제에 대해서 기타무라 하루카는 불야묘만고묘군의 1호묘 조벽의 구조나 화상전의 모티브를 단서로 하고 한대 화상석의 사례 등도 원용하면서 조벽이야말로 천상세계와 지상세계의 경계이며 묘문을 들어가면 그곳은 동왕공이 지배하는 천상세계였다고 주장하였습니다[北村永 2006]. 한편 나가히로 도시오(長廣敏雄)는 위진남북조시대 전반을 통하여 묘에 그려진 신수나 신선[그의 표현으로는 귀매(鬼魅), 신괴(神怪), 외수(畏獸)]은 죽은 사람(피장자)의 신령적 세계를 보호하는 정신을 나타내는 것으로 보았습니다[長廣敏雄 2010].

두 사람의 이해에는 미묘한 뉘앙스 차이가 있지만 어느 쪽도 수긍할 만하다고 생각합니다. 133호묘의 조벽 최상단부에 그려진 두 호랑이 예가 보여주듯이 이들 신수나 신선은 묘(엄밀히 말해서 묘실 내의 피장자)를 수호하기 위해서 조벽에 배치된 것이거나 죽은 사람인 피장자를 산 사람과 확실히 구분해주는 기능을 해주기를 기대한 것은 아닐까요! 이 점에서 후한시대 중원지역에서 묘의 부장된 진묘병과 유사한 기능을 기대했다고도 생각할 수 있습니다. 확실히 나가히로 도시오도 지적하고 있듯이 화상전에 그려진 신수는 여러 가지이고 다양하여 출전을 특정할 수 없는 것도 적지 않습니다. 그 신성성의 정도도 가지각색입니다. 과연 이렇게 많은 신수나 신선을 벽면 가득히 그려넣어야 했을까라는 의문도 남습니다. 돈황 사람들이 신수나 신선에게 의지하는 동경심이나 의존심은 우리의 상상력을 훨씬 뛰어넘는 것이라고밖에는 좀체 달리 설명할 수 없습니다.

그렇다면 돈황 이외의 하서지역에 조영된 화상전묘는 어떠할까요? 이어서 이 문제를 살펴보겠습니다.

주천 · 가욕관, 그리고 고대
화상전의 모티브

주천 · 가욕관 그리고 고대의 화상전에 대해서는 과주의 화상전과 더불어 [표 4]에 표시하였습니다. [표 4]에서 제시한 23기에 대해 하나씩 설명할 여유가 없어 여기에서는 먼저 주천시와 경계 부근에 입지하고 있는 가욕관 · 신성고묘군 가운데 6호묘를 다루고자 합니다. 이 묘도 현지에 공개되어 있어 쉽게 참관할 수 있다는 이점이 있습니다. 구성은 전실 · 중실 · 후실 등 삼실구조이며 전실에는 이실과 두 개의 감이 부속되어 있어 돈황에서는 볼 수 없는 큰 규모의 묘입니다[그림 41].

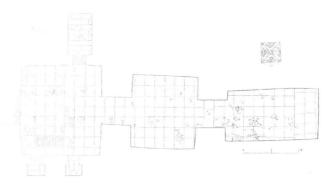

[그림 41] 가욕관 · 신성 6호묘의 평면도

이 묘의 화상전은 수가 많아 모두 합쳐 144점을 자랑합니다
[張寶璽 2001]. 그러나 그 실상을 살펴보면 돈황의 화상전묘와
분명한 차이가 있습니다. 전실에 55점이 있고 중실에 70점이
있는 등 이 두 실에 집중되어 있습니다. 이외에 후실에 12점이
있어 세 묘실의 화상전만 137점에 이릅니다. 남은 것이 묘문 위
조벽에 끼워 넣은 것으로 겨우 7점뿐입니다[그림 42·43]. 묘문
위의 조벽보다도 묘실 내 벽면에 화상전이 훨씬 많이 끼워져
있다는 자체가 주천·가욕관이나 고대에 있는 화상전묘의 가장
큰 특징이지만 이 점에 대해서는 뒤에 서술하도록 하고 우선 7
점의 화상전에 대해 그 모티브를 확인하고자 합니다.

[그림 42] 가욕관·신성
6호묘의 조벽 모사도

[그림 43] 가욕관·신성 6호묘의
조벽(부분)

모사도[그림 42]에서 알 수 있듯이 묘문 위의 조벽은 지금 남아 있는 부분만 11층에 이릅니다. 그러나 문궐을 본뜬 부분의 형상이 크고 보조적인 작은 조전(雕磚)이 많아서 화상전을 끼워 넣을 만한 공간이 작다는 것을 알 수 있습니다. 화상전의 위치는 다음과 같습니다(일부는 모사도[그림 42]와 사진[그림 43]에서 추측하였습니다).

⑬ 가욕관·신성 6호묘 화상전 도상([甘肅省文物隊·甘肅省博物館·嘉峪關市文物管理所(編) 1985]. 층위는 현재 남아 있는 부분만이고 제11층만 세로로 배치되어 있습니다.)

제4층: 청룡(오른쪽 방향) ┃ 모조 ┃ 모조 ┃ 백호(왼쪽 방향)
제5층: 비렴(蜚廉)(오른쪽 방향) ┃ 조전[용수수신(龍首獸身)?·
        오른쪽 방향] ┃ 조전(용수수신·왼쪽 방향) ┃ 기린
        (왼쪽 방향)
제11층: 불명(현무?) ┃ 계수인신 ┃ 우수인신 ┃ 호랑이 ┃ 호랑
        이 ┃ 우수인신 ┃ 계수인신 ┃ 주작(왼쪽 방향)

보고서는 제11층 왼쪽 끝에 있는 벽돌은 언급하지 않았지만 사진을 보면 도상이 그려져 있는 것이 명확합니다. 그 위치로 보아 아마 현무를 그렸다고 추측합니다. 따라서 계수인신과 우수인신의 네 점을 비롯한 조전을 제외하더라도 화상전은 전부

8점이 됩니다. 그렇다면 사신 이외에는 기린과 두 호랑이(두 점으로 세트입니다), 그리고 비렴[그림 44]뿐입니다. 처음 등장하는 비렴에 대해서는 『산해경』에 소 같은 형상을 하고 하얀 머리에 눈 하나와 뱀 같은 꼬리를 가진 비(蜚)라는 신수가 나와 있습니다. 이 비렴의 꼬리도 뱀 같이 가늘고 길게 묘사되어 있어 비처럼 보입니다. 이것이 출현하면 '천하에 큰 역병'이 일어나기 때문에 오히려 바람의 신, 즉 풍백(風伯)의 별칭이 비렴이란 점을 고려할 때 바람을 일으키는 신수로 그려진 듯합니다.

사신 이외에 신수의 대표격이라고 할 수 있는 기린, 계수인수와 우수인수의 신수를 따르는 수호 역의 두 호랑이, 그리고 비렴 등이 조벽에 보이는 신수가 전부입니다. 그런데 사신의 위치에 대해서 부언하면 이 묘는 북쪽의 묘도에서 묘문을 지나 남

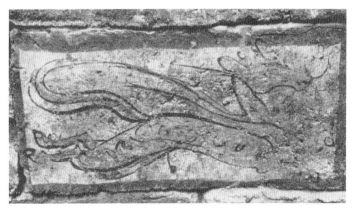

[그림 44] 비렴을 그린 화상전

쪽의 묘실에 들어가는 구조로 되어 있어 왼쪽이 동쪽이고 오른쪽이 서쪽이 됩니다. 따라서 왼쪽 끝에 청룡, 오른쪽 끝에 백호라는 위치는 돈황과는 다르고 통례에는 맞지만 주작이나 현무의 경우는 맞지 않습니다.

상세한 숫자 데이터는 공개되지 않았지만 모사도나 사진에서 알 수 있듯이 조벽 자체는 결코 작지 않습니다. 신성고묘군은 일찍이 주천군 녹복현(祿福縣) 사람들의 묘지라고 생각하지만 이 지역에서는 돈황처럼 조벽을 온갖 신수로 꾸미려는 의식은 없었던 것 같습니다. 이것은 난주시에 있는 감숙성박물관 부지 내에 옮겨 지어진 가욕관·신성 5호묘에도 꼭 들어맞습니다.

⑭ 가욕관·신성 5호묘 화상전 도상([甘肅省文物隊·甘肅省博物館·嘉峪關市文物管理所(編) 1985]. 층위는 현재 있는 부분만이고 제11층만은 세로로 배치되어 있습니다.)

제1층: 조전(용수수신·오른쪽 방향) ┃ 조전(용수수신) ┃ 조전 (용수수신)
제3층: 계수인신 ┃ 호랑이 ┃ 호랑이 ┃ 우수인신

역시 조벽에는 계수인신과 우수인신의 신수를 좌우에서 따르는 두 호랑이[그림 45]가 가장 아래층의 중앙에 그려져 있는데 화상전은 그것뿐입니다. 사신조차 그려져 있지 않습니다. 그렇

[그림 45] 호랑이를 그린 화상전
(세로 배치, 병렬)

다면 피장자를 수호할 수는 있더라도 조벽으로 죽은 사람인 피장자의 세계와 산 사람의 세계를 확연히 나눌 수는 없게 됩니다. 이것은 애초부터 그런 의식이 희박했던 것을 의미하는 것은 아닐까요! 덧붙여 말하면 전실과 후실 두 실로 구성된 이 묘의 화상전은 모두 75점이며 내역은 전실의 64점, 후실의 9점, 그리고 조벽의 2점(두 호랑이)으로 안배되어 있습니다.

그러면 두 묘의 묘실 벽면에는 어떤 모티브의 화상전을 끼워 넣은 것일까요? 지면 형편상 간단히 소개하겠습니다.

결론부터 말하자면 모두 생활도나 운기문(雲氣紋) 등의 장식도입니다. 게다가 전자는 돈황과는 달리 생산, 조리, 음식, 나아가 출행 등 생활의 거의 모든 장면을 다루고 있습니다. 이것은 화상전의 수량을 통해서도 상상할 수 있습니다. 여기에서는 신성 5호묘의 전실 서벽 북쪽 부분을 제시합니다[그림 46].

이 묘의 경우도 북쪽의 묘도에서 시작하여 묘문을 지나 남쪽의 묘실로 들어가는 구조로 되어 있어 서벽이 왼쪽이 됩니다. 사진의 왼쪽 아래에 자그마한 감실이 있습니다. 상단에는 오른

[그림 46] 가욕관·신성 5호묘의 전실 서벽 북측

쪽부터 주방·음식 내놓기, 중단에는 우거(牛車)·도살(소)·가축(양), 그리고 하단에는 도살(양)·주방·도살(닭)이 각각 그려져 있습니다. 서벽에는 가축과 그 도살, 조리, 음식 내놓기라는 일련의 과정이 묘사되어 있는 것입니다. 반대쪽인 동벽은 농경, 목축 및 수렵 등 생산활동에 관한 여러 장면이 그려져 있고 하단부에는 여러 벽돌에 걸쳐서 피장자의 출행도가 그려져 있습니다. 남북의 벽면은 묘문이나 후실로 통할 수 있도록 좁아지면서 동서 벽면의 모티브가 이어지거나 장식도가 그려져 있습니다. 또한 후실의 벽면에는 생사(生絲)의 타래 등 재화나 일상 용구 등이 그려져 있습니다.

묘실 안에 그려진 생활도는 피장자가 살아 있을 때의 일상을 반영한 것이라고 합니다. 이 책도 그런 이해에 기반하고 있지만 이것은 사후세계가 생전의 세계에 견주어 구상되었다는 것을 시사하고 있습니다. 물론 그렇다고 해서 생전과 사후 두 세계, 다시 말해 지상세계와 천상세계가 연속한다고 여겼다고 결론짓기에는 조금 이른 감이 있습니다. 확실히 신성 5호묘든 신성 6호묘든 묘문 위의 조벽에 그려진 신수나 신선 등이 적다는 점은 이 억측을 방증하는 것일 수도 있습니다. 그러나 6호묘에는 화상전이 아니라 묘실 안에 안치된 목관의 덮개판에 서왕모와 동왕공이라고 추정되는 도상이 새겨져 있습니다[그림 47]. 기타무라 하루카는 좌우에 있는 것은 청룡과 백호가 아닐까라고 합니다[北村永 2009]. 실제 가욕관·신성고묘군의 13호묘에서 출토된 남성 피장자의 목관 덮개판 안쪽에 서왕모·동왕공이, 여성 피장자의 목관 덮개판에 복희·여와가 각각 그려진 것 외에 1호묘에서도 남녀 피장자 각각의 목관 덮개판에 모두 복희·여와가 그려져 있었습니다. 결국 불야묘만고묘군 1호묘에 보이는 돈황의 사례보다도 피장자에 보다 가까운 곳에 여러 신을 그리

[그림 47] 가욕관·신성 6호묘 관의 덮개면에 새긴 그림

거나 새겨 배치하였던 것입니다. 이런 사실을 어떻게 해석해야
할까요? 결론을 급히 내리기 전에 고대의 화상전묘에 대해서
언급하고자 합니다.

고대현 낙타성향(駱駝城鄕)에 위치한 낙타성지는 오호십육국
시대에 주천군에서 분치된 건강군의 치소인 표시현성(表是縣城)
으로 생각합니다. 이 낙타성지의 남쪽에 자리 잡고 있는 낙타성
고묘군은 규모나 묘의 수라는 측면에서는 하서지역에서 손꼽히
는 곳입니다. 그러나 유감스럽게도 발굴조사가 1990년대에 들
어서야 시작되었기 때문에 조사결과를 통합한 보고서가 간행되
지 않아 단편적인 정보만을 정리할 수밖에 없습니다.

1994년에 처음으로 실시된 발굴조사에서는 서왕모·동왕공과
복희·여화를 그린 네 점의 벽돌이 모두 갖추어져 출토되었습니

다[그림 48·49]. 그러나 아쉽
게도 이것이 묘 안 어느 곳에
끼워져 있었는지 등 원래 상
태는 알 수 없습니다[俄軍·鄭
炳林·高國祥(主編) 2009]. 이
것은 1999년에 허삼만고묘군
(許三灣古墓群)에서 출토된 여
와를 그린 화상전과도 동일한
것이지만 그 뒤 낙타성 1호묘
(01GLM1)에서도 복희·여와

[그림 48] 서왕모를 그린 화상전

[그림 49] 여와를 그린 화상전

[그림 50] 복희·여와를 그린 목관
덮개판(부분)

를 그린 화상전이 중실의 천정 부근에서 출토되었습니다. 덧붙여 2002년에는 허삼만고묘군의 묘에서 전실의 벽면에 끼워져 있는 동왕공의 화상전도 출토되었습니다. 또한 가욕관·신성고묘군과 같은 목관 덮개판에 그려진 복희·여와도 1999년에 낙타성고묘군에서, 그리고 2003년에는 같은 고대현 지역에 있는 남탄

고묘군(南灘古墓群) 10호묘(03GNM10)에서도 출토되었습니다[甘肅省文物考古硏究所 2005]. 전자는 너무나 유치하고 졸렬한 편입니다[그림 50].

서왕모·동왕공이나 복희·여와가 묘실 안에 그려져 있다는 점에서 가욕관·신성고묘군과 고대현 지역의 여러 고묘군은 서로 통하는 바가 있습니다. 물론 고대현 지역의 여러 고묘군에서도 남탄 10호묘를 예외로 한다면 많은 생활도나 장식도 관련 화상전이 묘실 벽면에 끼워져 있는 것은 가욕관·신성고묘군과 동일합니다.

이상 가욕관, 주천, 그리고 고대의 화상전묘에 대해서 개관하였습니다. 돈황의 화상전과의 차이를 파악하셨을 것으로 생각

합니다. 양자의 중간에 위치하고 있는 과주의 화상전묘에 대해서는 영세한 정보밖에 없고 그마저 서로 엉켜있는 상태이기 때문에 검토를 단념할 수밖에 없었습니다. 화상전에 관한 요점을 정리하기 전에 한대 화상석에 대해서도 논의 전개에 필요한 범위 안에서 언급하고 싶습니다.

한대 화상석·화상전과 비교

후한시대를 중심으로 한대에 현재의 산동성, 하남성, 섬서성, 강소성 및 사천성 등 일대에서 많은 화상석묘와 화상전묘가 조영되었다는 것은 널리 알려져 있습니다. 도상은 묘실과 묘문만이 아니라 석관이나 묘의 분구(墳丘) 앞에 세워진 사당 등을 장식한 것입니다. 이에 대한 연구가 중국과 일본 두 나라만이 아니라 세계적으로 진행되고 있다는 것도 널리 알려져 있습니다.

이 가운데 섬서성 북부, 즉 섬북(陝北)지역의 화상석 모티브가 섬서지역에서 출토된 화상전 모티브에 큰 영향을 주었다는 것에 대해서 이미 기타무라 하루카가 지적한 바가 있습니다[北村永 2006]. 여러 도상이 새겨지고 그려진 한대 화상석이나 화상전의 모티브에 대해서 앞서 서술한 검토 결과를 염두에 두면서 살펴보고자 합니다.

⑮ 기남(沂南) 화상석묘의 화상석 도상[土居淑子 1986, 林巳奈夫 1989]

[묘문]
신수 ┃ 역사 ┃ 고매(高媒)

호랑이 ┃　　　　　┃ 복희・여와

서왕모 ┃ 호랑이 ┃ 동왕공

토끼・토끼 ┃　　　　┃ 왕교(王僑)・적송(赤誦)

천주 ┃ 신선 ┃ 천주

호랑이 ┃　　　┃ 용

[전실 북벽]
　　　┃ 주작 ┃
백호 ┃ 천제사자 ┃ 청룡
　　　┃ 현무 ┃

　산동성 기남현(沂南縣) 북채촌(北寨村)에 있는 통칭 기남화상
석묘는 후한 말에 축조되었다고 추정됩니다. 전실・중실・후실
3실 구조를 기본으로 하여 전실과 중실의 좌우에 각각 측실이
딸려 있고 돌로 정교하게 만든 묘입니다. 중실의 우측실 깊은
안쪽에 측실이 하나 더 있는 것 외에 전실과 중실에는 각각 중
심 기둥이 자리 잡고 있습니다. 중실과 후실의 각 벽면에는 생
활도와 함께 고사도(故事圖)나 신수도가 좁다랗게 새겨져 있습니
다. 이 가운데 중실의 벽면 상단부에 있는 횡액(橫額)에 새겨진
도상은 피장자가 출행하여 하늘로 올라 거기서 대환영을 받으며
생활한다는 과정을 보여주는 것이라고 합니다[曾布川寬 2006].
　그런데 묘문의 입주(立柱)에는 서왕모・동왕공과 복희・여와

[그림 51] 기남화상석묘 전실 북벽
중앙의 신상(천제사자)

를 중심으로 하여 서왕모를
가까이 모시는 두 마리 토끼,
동왕공을 가까이 모시는 왕교
와 적송이 새겨져 있습니다.
복희·여와가 동왕공을 가까
이 모시는 것으로 표현한 점
은 돈황 불야묘만고묘군 1호
묘의 조벽을 연상케 합니다.
서왕모와 동왕공은 중실의 중
심 기둥에도 새겨져 있지만
전실의 북벽에는 사신이 새겨
져 있습니다. 이 묘는 남쪽에
서 북쪽으로 향해 묘실이 배
열되어 있기 때문에 북벽은
전실과 중실을 격리하는 위치

에 있습니다. 따라서 오른쪽이 동쪽이 되어 청룡이 새겨져 있고
왼쪽이 서쪽이 되어 백호가 새겨 있어 본래 위치에 배치되었다
는 것을 알 수 있습니다. 주작과 현무는 위를 남쪽, 아래를 북쪽
에 견주었을 것입니다.

그보다도 이들 사신이 둘러싸고 있는 신상이 문젯거리입니
다. 머리 위에 쇠뇌를 이고 손발에 검을 끼고 발 아래에 방패를
두고서 우뚝 서 있는 모습입니다[그림 51]. 이 사신을 따르는

164

신상을 도이 요츠코(土居淑子)는 치우(蚩尤), 하야시 미나오(林巳奈夫)는 천제사자(天帝使者)라고 각각 추정하였습니다. 치우란 전설상의 지배자인 황제(黃帝)의 제후로서 많은 고전에 그 이름이 보이지만 여기에서는 하야시 미나오 주장을 수용하여 천제사자로 보고자 합니다. 천제사자는 토지신이나 명계신에 대해 강압적으로 행동할 필요가 있기 때문에 이런 모습으로 묘사되었다고 하야시 미나오는 해석하였습니다.

한대에는 또한 서왕모가 사는 곤륜산(崑崙山)으로 승선하는 피장자를 맞이하기 위해 강림한 천제사자의 모습도 그렸습니다. 이러한 천제사자는 낙양시 망산(邙山)에 있는 복천추벽화묘(卜千秋壁畵墓)나 산서성 여량시(呂梁市)의 이석구(離石區)에 있는 마무장(馬茂莊) 3호묘 등에서 볼 수 있습니다. 이 가운데 전자의 천제사자는 주실과 좌우의 이실로 이루어진 전한시대의 묘이지만 주실의 천장 벽면에 끼워 넣은 벽돌 스무 개에 복희·여와, 주작·백호, 그리고 남녀 피장자가 승선하는 도상 등과 함께 그려져 있습니다[그림 50]. 여와와 달 다음에 배치된 해당 인물상에 대해서는 우인(羽人)이라는 해석도 있는 듯하지만 그저 우인이 아니라 승선하는 피장자(죽은 사람)를 맞이하기 위해 천제가 파견한 사자라고 생각합니다. 서왕모가 그려져 있지 않지만 후벽에는 청룡과 백호가 배치되어 있습니다. 후한시대에 속하는 후자에서도 전실 동벽에 말을 타고 있는 천제사자가 그려져 있습니다. 이 묘의 묘문에는 서왕모와 동왕공이 그려져 있었습니다

[그림 52] 복천추묘의 천제사자상(오른쪽 끝)

[曾布川寬 2006].

　한대 화상석이나 화상전에 묘사된 천제사자의 사례는 결코 많지 않고 [그림 51]과 [그림 52]를 비교하면 알 수 있듯이 그 묘사 방법에 큰 편차가 확인되지만 이처럼 산동, 하남, 그리고 산서 각 성에 있는 전한·후한의 묘에서 그 존재가 확인됩니다. 후한시대의 진묘문에 자주 보이는 천제사자는 문자 세계만이 아니라 도상으로서 그 모습을 드러낸 것입니다. 승선하는 죽은 사람의 혼(魂)을 맞이하는 역할과 지하의 황천으로 돌아가는 죽은 사람의 백(魄)에 대한 처우를 토지신이나 명계신에게 지시하는 역할 등 두 역할을 행하는 천제사자의 모습을 거기에서 볼 수 있습니다.

물론 화상석묘·화상전묘가 두루 퍼진 지역과 진묘병이 두루 퍼진 지역이 딱 중첩되는 것은 아닙니다. 따라서 한대 사람들이 실제 어떻게 이해했을지는 명확하지 않은 점이 적지 않지만 어쨌든 한대 화상석묘·화상석전에는 서왕모·동왕공이나 복희·여와 등은 말할 것도 없고 천제사자가 모티브로 선택되기까지 했던 것입니다. 한편, 위·서진시대에 돈황도 포함하여 서역지역에서 조영된 화상전묘는 서왕모·동왕공 정도가 겨우 있을 뿐이고 돈황에서는 그것조차도 묘문 위의 조벽을 장식하는 몇몇 사례밖에 확인할 수 없습니다.

요점정리

  돈황을 비롯하여 가욕관·주천, 그리고 고대 등 하서지역의 서부 일대에서는 위·서진시대를 중심으로 하여 많은 화상전묘가 축조되었습니다. 돈황은 당시 돈황군 돈황현과 효곡현에, 가욕관·주천은 당시 주천군 녹복현에, 그리고 고대는 주천군에서 분치된 건강군의 표시현에 각각 상당합니다. 그 가운데 돈황의 화상전묘에서는 묘문 위의 조벽에 수많은 신수나 신선이 그려져 있지만 묘실의 벽면에는 몇몇 생활도가 그려져 있을 뿐입니다. 이것은 토갱묘에만 한정된 것이 아니며 전실묘에서도 똑같습니다. 조벽에는 서왕모·동왕공이나 복희·여와도 묘사되어 있는데 그러한 예는 매우 적으며 사신을 비롯하여 그보다도 신격으로 하위인 신수나 신선이 대부분이었습니다.

  그와는 대조적으로 가욕관·주천과 고대의 화상전묘에서는 조벽에 그려진 신수·신선이 매우 한정되어 있습니다. 반면에 묘실의 벽면에는 여러 종류의 다양한 장면을 모티브로 하는 생활도가 그려져 있습니다. 또한 고대에서는 그런 생활도에 섞여서 서왕모·동왕공이나 복희·여와가 그려진 벽돌도 묘실 안에서 출토되었습니다. 유감스럽게도 출토 위치가 불분명한 것도 여러 개가 있지만 이것들 역시 묘실 안에 그려졌을 것으로 추측합니다. 가욕관에서는 그런 사례를 확인할 수 없지만 묘실 안에 안치된 목관의 덮개판에 서왕모·동왕공이나 복희·여와가 그려진 사례가 확인되었습니다. 이것은 고대에서도 동일합니다. 한대에는 묘실 안의 석관에 여러 도상을 새기는 것이 널리 행해져 돌과 나무의 차이는 있지만 그 전통이 계승되었다고 생각합니다. 피장자(죽은 사람)에게 보다 가까운 위치에 신격이 높은 서왕모·동왕공이나 복희·여와를 배치하려고 했기 때문이었습니다. 그 이외의 신수나 신선 등은 큰 의의를 인정받지 못한 것 같습니다. 하물며 묘문 위의 조벽이라는 피장자로부터 떨어진 곳에 이것을 그린다는 것은 거의 의미가 없었을 것입니다.

어쨌든 서왕모·동왕공이나 복희·여와를 피장자에 가까운 곳에 그린 점에서는 가욕관·주천이나 고대의 묘는 돈황의 묘에 비하여 후한시대의 중원지역에 조영된 화상석묘나 화상전에 보다 유사하다고 말할 수 있습니다. 그러나 천제사자는 가욕관·주천, 고대와 돈황을 가릴 것 없이 위·서진시대에 하서지역의 묘에서는 결코 그려진 적이 없는 것 같습니다. 여기에 중원지역과 하서지역 혹은 후한시대와 위·서진시대의 차이점 하나를 지적할 수 있지 않을까 합니다. 돈황은 하서지역 안에서도 더 독자적인 경향을 지녔다고 할 수 있습니다.

133호묘를 비롯해 돈황공항의 부지에서 발견된 6기의 화상전묘에 대한 보고서는 이들이 모두 중원지역 문화의 영향을 받았다는 대전제하에서 불교적 색채를 띤 모티브의 화상전이 발견된 사실이 동서문화의 교류거점이었던 돈황이 아니라면 가질 수 없는 독자성을 나타낸다고 지적하였습니다. 또한 돈황과 가욕관·주천에서는 화상전의 모티브와 묘안의 위치에 큰 차이가 있다는 것도 되풀이하여 주장하였습니다[甘肅省文物考古硏究所(編) 1998]. 이런 동향에 영향을 받은 것인지 하서림(賀西林)도 후한시대에 중원지역에 축조된 화상전묘가 위·서진시대에 하서지역으로 영향을 미쳤고 더욱이 하서지역에서는 하서, 낙서 및 수복 등 새로운 신수의 그림이 독자적으로 등장한 점에 주목하였습니다[賀西林 2001]. 분명 중원지역의 화상석묘·화상전묘의 영향 없이 돈황지역의 화상전묘가 있을 수 없었습니다. 그러나 하서지역, 특히 돈황에는 거의 수입되지 않았던 모티브가 있는 것도 사실입니다. 그것은 단지 모티브에 그치지 않고 묘를 축조한 사람들과 그 지역의 세계관이나 종교의식을 반영한 것은 아닐까 합니다.

제2장에서 돈황진묘문에는 천제를 정점으로 하여 여러 토지신이나 명계신으로 구성된 질서구조가 빠져 있다고 지적하였습니다. 동일한 것을 화상전에도 지적할 수 있지 않을까요! 천제 사자를 도상화하지 않았던 것은 돈황뿐만 아니라 하서지역 전체에 해당하지만 그중에서도 돈황에서는 피장자(죽은 사람)의 혼이 승선한다고 여긴 곤륜산에 사는 서왕모를 그린 화상전은 겨우 한 사례밖에 없습니다. 혹 위·서진시대에 돈황사회에는 그런 신앙이 깊이 침투하지 않았던 것일까요? 그러나 만약 그

렇다고 하더라도 그것이 그들의 신앙심이 희박하다는 것을 의미한다고 판단하는 것은 속단에 지나지 않습니다. 오히려 조벽에 장식된 많은 신수와 신선은 그 지역 사람들의 신앙심이 충분히 체계화되지 않았지만 깊고 풍부하다는 것을 상징하는 것 같습니다. 이 점에서 제2장에서 검토한 진묘문과 공통점을 가졌다고 할 수 있습니다.

확실히 돈황의 화상전묘는 세 고묘군을 합쳐서도 20기 전후에 지나지 않습니다. 또한 진묘병과 화상전묘가 하서지역과 돈황에 수입된 시기도, 경로도 똑같지는 않습니다. 진묘병은 하서지역 동쪽 끝인 무위를 비롯하여 감숙성의 황하 동편지역이나 청해성 등에서 출토되었기 때문에 후한시대의 중심인 장안 일대로부터 위·서진시대에 서쪽으로 전해졌을 터이지만 화상전묘는 하서지역의 동쪽지역에는 존재가 확인되지 않으며 모티브면에서는 오히려 섬북지역과 공통점이 지적되고 있습니다. 이에 따라 아마 다른 경로를 통해서 개별적으로 전해졌으며 돈황에도 개별적으로 전해졌을 것입니다. 그것이 돈황의 지역사회에서 생활한 사람들의 세계관이나 종교의식 혹은 신앙심에 따라서 독자적 표현 형태를 취하게 한 것은 아닐까 합니다. 또한 화상전묘의 수에 대해서는 작은 질그릇 토기로도 충분한 진묘병과는 달리 높고 큰 조벽을 필요로 하는 화상전묘는 한정된 사람들만이 만들 수 있었다고 생각합니다.

진묘병이든 화상전묘든 앞으로 발굴조사가 진전함에 따라 돈황뿐만 아니라 하서지역의 각지에서 새로운 발견이 있을 것입니다. 혹 이 책에서 제시한 가설이 뒤집힐 가능성도 각오하지 않을 수 없습니다. 그러나 지금은 현 시점에서 시도한 해석의 하나로 이해해 주시길 바랍니다.

제4장

돈황사회의 성립

이 장에서는 달리 유례가 없는 진묘병이나 화상전을 만들어
낸 돈황사회에 대하여 고찰하고자 합니다. 그에 앞서 몇 가지
지적해 두고 싶은 것이 있습니다. 이 책에서는 상세히 언급하지
않았지만 거듭 말했듯이 처음으로 막고굴이 개착된 것도 오호
십육국시대인 4세기 후반이었습니다. 이때 개착된 석굴의 실제
모습은 확인되지 않습니다. 5세기 전반의 서량에서 북량에 걸
친 시대에 개착되었다고 추정되는 굴로서 제267굴~제272굴,
제275굴 등 모두 일곱 굴이 현존하고 있습니다. 늦어도 4세기
후반부터 5세기 전반에 이르는 오호십육국시대의 후반기에는
막고굴에서 석굴 개착사업이 진척되었던 사실을 알 수 있습니다.

그리고 한 가지 더 말하자면 이것도 이 책에서 상세하게 서술
할 여유가 없지만 3세기부터 4세기에 걸친 시기에 돈황은 유능
한 인재를 많이 배출하였습니다. 『진서(晉書)』의 열전에 올라있
는 색정(索靖)은 중앙관과 지방관을 역임했을 뿐만 아니라『오행
삼통정험론(五行三統正驗論)』을 비롯하여『색자(索子)』, 『진시(晉詩)』,
『초서장(草書狀)』 등의 저작을 남겼습니다. 서명을 통해 그가 음
양에서 문학이나 서도에 이르기까지 여러 학문에 두루두루 정통
하였다는 것을 알 수 있습니다. 서진의 무제도 그의 서체에 대한

애호가였는데 그는 팔왕의 난에 휩쓸려 목숨을 잃었습니다.

또한『진서』에는 이외에도 돈황 출신의 인사로서 단작(段灼)[본전(本傳)], 색습(索襲), 범등(氾騰), 곽우(郭瑀), 송섬(宋纖)[이상 은일전(隱逸傳)], 단도개(單道開), 송담(宋紞)[이상 예술전(藝術傳)] 등이 열전에 올라 있습니다.『진서』에는 유림전(儒林傳)도 갖춰 져 있지만 여기에는 돈황 출신 인사의 전기는 없습니다. 그것과 는 대조적으로 은일전이나 예술전에는 모두 6명의 열전이 있기 때문에 아마 돈황에서는 황로사상이나 노장사상이 유교사상보 다 우월했을 것이라는 인상을 받을 수 있습니다. 실제 색정을 포함하여 그들의 사상이나 언동과 관련된 기록이 기가만고묘군 의 보고서나 강백근의 주장의 근거가 되었습니다. 그러나 단도 개를 제외하고는 모두 돈황의 명족 출신이고 황로사상만이 아 니라 전통적 유교 소양을 체득했다는 것은 각각의 전기를 통해 서도 분명히 알 수 있습니다. 그리고 이런 전통은 오호십육국시 대에도 계승되었습니다.

특히 돈황을 거점으로 한 서량정권은 500명을 수용하는 학교 를 세우고 정통 학문을 부흥하려고 하였습니다. 각 주에서 '수 재(秀才)'과에 추천된 인사의 답안[대책(對策)]인「서량건초 4년 (408)수재대책문[西涼建初四年(408)秀才對策文]」(75TKM91:11/1 – 11/6)도 투루판에서 출토되었습니다. 거기에는『노자』를 인용한 것으로 추측되는 답안도 보이지만『시경(詩經)』이나『춘추좌씨 전(春秋左氏傳)』등에 대한 이해를 묻는 문제가 출제된 것도 알 수 있습니다[大西康裕・關尾史郎 1995]. 또한 북량이 멸망한 뒤 북위의 도성인 평성으로 연행된 사람들 가운데 송요(宋繇), 장담(張湛), 감인(闞駰), 유병(劉昞) 및 색창(索敞) 등 많은 돈황 출신자가 포함되어 있는 것을 『위서(魏書)』의 기술에서 확인할 수 있는데 『양서(涼書)』나 『돈황실록(敦煌實錄)』을 저술한 유병을 비롯하여 모두 널리 고전에 통달한 인사였습니다.

결국 황로사상이나 노장사장과 마찬가지로 혹은 그 이상으로 돈황에서는 유교로 대표되는 학문이 성행하고 또한 장려되었던 것입니다. 서진에서 오호십육국에 걸친 시대에 돈황사회는 사상・종교 방면에서 매우 다면적 상황을 드러내고 있었습니다. 그렇다면 이런 돈황사회는 어떻게 성립했던 것일까요? 이것이 바로 이 장의 과제입니다. 다만 이것은 대단히 어려운 문제이기 때문에 여기에서는 해명의 단서가 되는 사실만을 열거하고자 합니다.

돈황사회의 성립

　돈황을 포함한 하서 4군은 서장에서 서술했듯이 내지에서 보내온 빈민이나 형도들을 중심으로 성립하였습니다. 역사서에서 '관동하빈(關東下貧)', '보원과당(報怨過當)', '패역망도가속(誖逆亡道家屬)'[『한서(漢書)』「지리지(地理志)」]으로 표현된 사람들입니다. 이 가운데 가장 먼저 나온 '관동'이란 원래 함곡관(函谷關) 이동을 의미하지만 조금 넓게 보면 현재의 하남·산동 두 성에 하북성 일부를 포함하는 지역입니다. '보원과당'이란 과잉 방위나 사적 복수 때문에 죄를 묻는 사람이고 '패역망도가속'이란 국가에 대해 반역으로 사형을 받은 사람의 가족을 각각 의미한다고 생각하기에 '형도'로 일괄하지만 셋 가운데 다수를 점하는 것은 역시 맨 앞에 있는 '관동하빈'일 것입니다. 이 지역은 이따금씩 황하의 범람 때문에 큰 피해를 입었고 그 재해를 입은 한 사람들이 주로 이주의 대상이 되었을 것입니다.

　이처럼 이 지역으로 온 원인이 미묘하게 다르지만 어떤 경우라도 마찬가지로 혈연이나 지연이라는 이전의 유대를 끊고서 이 지역에 들어왔다고 생각합니다. 이런 사람들을 주 구성원으로 하여 성립했던 것이 하서 4군입니다. 시라스 죠신(白須淨眞)은 오호십육국시대에 이르기까지 하서 일대 지역사회의 추이를 다음과 같이 개관하였습니다[白須淨眞 1980].

하서 4군은 성립 당초에는 '계급 차가 없는 한인사회'였으나 기원 전후가 되면 '재지호족(在地豪族)'이 출현하고 더욱이 2세기 말부터 3세기에는 그들이 '유력 재지호족'으로 변모하였다고 합니다. 그의 주장에 따르면 이들이 더욱 명족화(名族化)하여 4세기, 즉 오호십육국시대를 맞이하면서 양주에 의탁하고 있던 전량 이하의 여러 정권하에서 '명족사회(名族社會)'를 형성하게 된다고 합니다. 이러한 그의 구상은 하서지역에 있는 고묘군의 전개와 변질 과정에 대한 분석에 근거하고 있어 설득력을 지니고 있습니다. 그러나 그가 설정한 빈민이나 형도는 '개별적으로 제각각 성이 다른 사람들의 집합체'라는 전제에는 문제가 없는 것일까요?

한대 간독사료를 상세히 분석한 다카무라 다케유키(高村武幸)는 1년 임기로 내지에서 변경 방위나 개발을 위해 하서지역에 파견된 병사의 출신지가 관동에 집중되어 있는 점을 주요 근거로 하여 다음과 같은 사정이 배후에 있었을 것이라고 지적하였습니다[高村武幸 2008]. 즉 관동 출신의 병사는 일찍이 하서 4군의 모체가 된 빈민과 출신이 같기 때문에 방언을 비롯한 각종 습속을 공유하여 파견지에 이미 먼저 이주한 사람들이나 병사를 관리하는 현지 관리들 사이에서 소통을 원활히 할 수 있었다고 합니다. 더욱 다카무라 다케유키는 병사들에게는 임기가 만료된 후에도 본적인 관동으로 귀환하지 않고 하서지역에 남아 정주할 수도 있다는 기대가 있었던 것은 아닐까 추측하고 있습니다.

다카무라 다케유키의 지적에는 매우 예리한 점이 있습니다. 병사의 본적이 관동에서도 비교적 서부, 즉 하서지역에 보다 가까운 일대에 집중되어 있다는 것도 분명합니다. 확실히 하서 4군의 모체가 된 '관동하빈'이라고 불린 빈민은 본적에서 유리되었을 터이지만 가족 단위 내지 집락 단위로 이 지역에 보내졌을 것으로 생각합니다. 오히려 그 방법이 개발을 강력히 추진하기 위해서도 합리적이었을 것입니다. 다카무라 다케유키의 지적에 입각하면 그 가능성이 더 높습니다. 또한 하서 4군이 성립했던 전한시대에서 오호십육국시대에 이르는 동안 하서지역의 인구 증가가 단순히 자연 증가만이 아니라는 것을 그의 추측이 시사하고 있습니다. 그 자신도 언급하고 있는 사료 등을 통하여 좀 더 검토를 진행하고자 합니다.

이동하는 인구의 흐름

요 몇 년 사이에 중국 각지에서 간독 출토가 이어지고 있는 데 돈황사회의 성립을 고려할 때 중요한 정보를 제공하는 몇몇 자료가 눈에 띕니다.

⑯ 「전한하평원년(기원전 28)8월간[前漢河平元年(前二八)八月簡]」 [돈황시 현천치(懸泉置)유지 출토, Ⅱ0315②正. 녹문: [胡平生·張德芳(編) 2001:44]]

> 河平元年八月戊辰朔壬午, 敦煌太守賢·丞信德謂過所縣·道, 遣廣至司空嗇夫尹猛, 收流民東海·泰山, 當舍傳舍, 從者如律令. 八月庚寅, 過東.
> 하평원년 8월, 삭일은 무진인데 임오[일] 돈황태수 [모(某)]현과 돈황현승 [모]신덕이 통과하는 곳의 현과 도에 말한다. "광지현의 사공색부인 윤맹으로 하여 동해·태산[두 군(郡)]에서 유민을 수용토록 한다. 전사에 마땅히 숙박토록 한다. 관계자는 율령대로 [집행하라]"고 하였다. 8월 경인[일에 현천치를] 지나서 동으로 [향했다.]

⑯은 사진 등이 공개되지 않았기 때문에 어디에서 행이 바뀌는지, 글씨체가 같은지 또는 다른지를 알 수 없지만 후한 말의 기년을 가진 목간입니다. 돈황태수와 돈황현승 두 사람의 이름

을 연명한 것으로 동해·태산 두 군에 유민을 수용하기 위해 파견한 광지현의 사공색부라는 지위에 있던 윤맹이 목적지까지 무사히 통과해 갈 수 있도록 도중의 현이나 도에게 보내는 것입니다.

윤맹의 업무는 공무이기 때문에 공적인 숙박시설인 전사를 이용할 수 있다는 것도 병기하였습니다. 돈황군의 치소이기도 한 돈황현을 출발한 것이 임오, 즉 15일이고 현천치를 통과한 것이 경인, 즉 23일로 여기까지 8일이 걸렸다는 것을 알 수 있습니다. 다소 시간이 걸려 통과한 것처럼 생각되지만 그것은 어쨌든 돈황군 아래에 있는 광지현의 관리인 윤맹이 동해·태산 두 군까지 가서 그곳의 유민을 수용하여 그들을 돈황까지 인솔하여 돌아온다는 것입니다.

동해·태산 두 군은 대략 현재의 산동성과 강소성 북부에 해당하는 지역으로 관동에서도 동부지역입니다. 다카무라 다케유키의 연구에 따르면 이 두 군에서 하서지역에 배속된 병사의 사례는 없는 듯합니다. '하평'이라는 연호에서 알 수 있듯이 그 1년 전, 즉 기원전 29년에는 황하가 범람하여 많은 피해자가 발생했습니다. 이때 관동 서부에서 재해를 입은 사람들은 유민이 되어 동부인 동해·태산 두 군으로 들어갔기 때문에 그들을 돈황으로 이주시키려고 한 것은 아닐까라는 것이 일반적인 이해인 듯합니다.

⑰ 「전한연차미상(기원전 1세기 말)동해군하할장리부재서·미도관자명적[前漢年次未詳(기원전 1세기 말)東海郡下轄長吏不在署·未到官者名籍](부분)」 [강소성 연운항시(連雲港市) 윤만(尹灣) 6호묘 출토, YM6D5正, 사진·녹문: [連雲港市博物館·東海縣博物館·中國社會科學院簡帛研究中心·中國文物研究所(編) 1997:16, 97]]

平曲承胡母欽七月七日送流民敦煌.
평곡승 호무흠은 7월 7일 유민을 돈황에 보냈기 [때문에 부재]

이것들은 당시 동해군이 있던 연운항시의 윤만한묘(尹灣漢墓)에서 출토된 목간으로 성제(成帝) 영시(永始)·원연(元延)연간(기원전 16~기원전 9) 때의 것으로 추정하고 있습니다. 동해군에 속하는 평곡현의 현승 호무흠이 사민을 인솔하여 돈황으로 출발했기 때문에 부재라고 기록했습니다. 역시 홍가(鴻嘉) 4년(기원전 17)에도 황하유역에서 수해가 발생하여 이때도 관동 서부의 피해자가 동해군으로 몰려들었을 것으로 추측할 수 있습니다. 그러나 앞의 ⑯의 사례나 이 ⑰의 사례에서든 돈황으로 이주된 유민이나 사민의 내용을 이러한 관동서부의 사람들로 한정할 필요는 없습니다. 이 두 번의 조치는 20년 정도의 간격을 두고 시행된 것이기 때문에 돈황군과 동해군 사이에는 유민과 사민의 송출과 수용이라는 상호관계가 일반화되어 지속되었다고 생각할 수도 있습니다.

적어도 돈황의 지역사회가 전한시대에 돈황군의 성립을 촉진

한 빈민이나 형도 등의 자손이 자연스럽게 증가함에 따라 위·
서진시대를 맞이하게 되었다는 생각은 옳지 않은 것 같습니다.
그 뒤에도 유민이나 사민이 내지에서 보내져 들어온 것, 그리고
그들은 원래 거주지와 지연이나 혈연을 어느 정도 유지하고 있
다는 추정을 이어서 확인해 보겠습니다.

이주하는 가족의 모습

앞서 보았듯이 전한시대에 거듭하여 내지에서 유민이나 사민이 들어왔고 그들은 재해를 입은 사람이기 때문에 그야말로 달랑 옷만 입은 채로 돈황으로 들어왔다고 생각할 수도 있습니다. 결국 빈민과 거의 같은 뜻이 됩니다. 이 시대에 돈황에 들어온 사람들이 빈민뿐일까라고 한다면 아무래도 반드시 그렇다고만은 말할 수 없습니다. 이는 막고굴 제17굴에서 출토된 돈황문헌의 단편적 기술에서 알 수 있습니다.

⑱ 「범씨가전잔권(氾氏家傳殘卷)」(부분) (B.L.S.1889. 사진: [沙知(主編) 1990: 168−169]. 녹문: [池田溫 1962: 14−18, 唐耕耦・陸宏基(編) 1986: 104−108])

成帝御史中丞氾雄, 直道見憚, 河平元年, 自濟北盧縣, 徙居燉煌. 代代相生, 遂爲燉煌望族.
성제 때 어사중승 범웅은 너무나도 곧아서 꺼림을 당해 하평원년 (기원전 28) 제북군의 노현에서 돈황으로 이주하였다. 대대로 그 지역에 살면서 드디어 돈황의 망족이 되었다.

이것은 돈황 막고굴 제17굴에서 출토된 돈황문헌 가운데 한

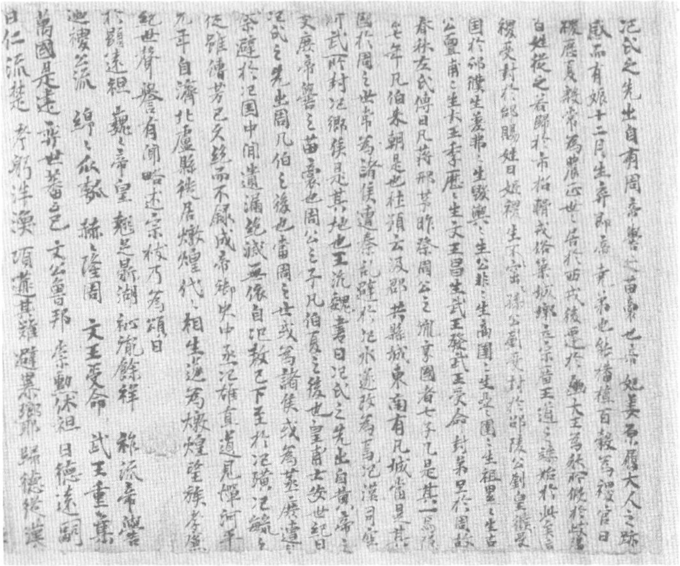

[그림 53] 「氾氏家傳殘卷」(첫머리 부분)

점으로 현재 런던 대영도서관에 소장되어 있습니다. 이케다 온
(池田溫)이「범씨가전잔권」이라고 명명한 것처럼 돈황의 명족인
범씨 일족의 전기입니다(범씨 출신인 범심용의 진묘병에 대해
서는 맨 앞에 먼저 소개했습니다). 여기에 인용한 것은 범씨 일
족이 돈황에 이주한 이유를 서술한 첫머리 부분입니다[그림
53]. 이 일족의 전기는 9세기에 성립되었을 것으로 추정되는데
훨씬 이전 시기의 일을 언급한 이 기술 내용에 대해서 이케다
온 자신은 신빙성을 의문시하고 있지만 범웅이 돈황에 이주한
것은 하평원년, 바로 그때입니다. ⑯의 조치가 행해진 것과 같

은 해입니다. 제북군은 황하 하류에 위치하여 황하가 군 지역을
관통하며 흐르고 있습니다. 그렇기 때문에 범옹 일족이 1년 전
의 범람으로 재해를 입었을 가능성도 충분히 생각할 수 있습니
다. 혹 조정에서 배척당하여 이주를 결단한 것으로 추측해 볼
수도 있지 않을까요! 실제로 돈황문헌 가운데 이와 유사한 기술
을 다른 곳에서 찾을 수 있습니다.

⑲ 「돈황명족지잔권(敦煌名族志殘卷)」(부분) (BnF.P.2625. 사
진: [上海古籍出版社・法國國家圖書館(編) 2001: 329−331]. 녹문:
[池田溫 1965:7,11])

□時, 有司隸校尉張襄者. 趙王敖□□□(孫). 襄奏, 霍光妻顯毒煞許后.
帝以光有大功, 寢其事. 襄懼, 以地節元年, 自清河鐸幕舉家西奔天水, 病
卒. 子□□年來適此郡, 家于北府, 俗號北府張. 史□(籍)□□, 子孫莫覩.
선제(宣帝?) 시대에 사예교위 장양이란 사람이 있었다. 조왕 장오
의 □세(?) 후손이었다. 양은 곽광의 처인 현씨가 허황후를 독살
하였다고 상주하였는데 선제는 광에게 큰 공적이 있기 때문에 이
일을 묻어버리도록 하였다. 양은 두려워하여 지절원년(기원전 69)
에 청하군 택막현에서 일가를 거느리고 서쪽 천수군으로 달아났
는데 병이 나 죽었다. 아들 □가 □(?)에 이 군으로 와서 북부에
집안을 이루었다. 그 때문에 세속에서는 '북부의 장'이라고 부르
고 있다. 사서에……, 자손으로 볼 만한 사람은 없다.

漢武帝時, 太中大夫索撫・丞相趙周直諫忤旨從邊, 以元鼎六年, 從鉅鹿南
和遷于燉煌. 凡有二祖, 號南索・北索. 初索撫在東, 居鉅鹿之北, 號爲北
索. 至王莽天鳳三年, 鳴開都尉索駿復西燉煌. 駿在東, 居鉅鹿之南, 號爲南
索. 莫知其長幼, 咸累代官族.

한 무제 때에 태중대부 색무와 승상 조주는 황제에게 거리낌 없이 간언을 했는데 그것이 도리어 역린을 건드려 변경에 유배당하게 되었다. 원정 6년(기원전 111)에 거록군의 남화현에서 돈황군으로 옮겨졌다. 색씨는 두 계통이 있는데 '남색'·'북색'이라고 불렀다. 처음 색무가 동방에 있을 때 거록의 북쪽에 살았기에 '북색'이라고 불렀다. 왕망의 천봉 3년(16)이 되자 명개도위 색준도 또한 서쪽으로 가 돈황에 [옮겨졌다.] 준은 동방에 있을 때 거록의 남쪽에 살았기에 '남색'이라고 불렀다. 그 [나이가] 많고 적음에 대해서는 알 수 있는 것이 없지만 어쨌든 대대로 관인을 배출하는 일족이 되었다.

이것은 제17굴에서 나온 것으로 현재는 파리의 프랑스국가도서관에 소장되어 있습니다. 이케다 온이 8세기 초인 710년쯤에 성립되었다고 추정한 이 「돈황명족지잔권」에는 장씨(張氏), 음씨(陰氏), 그리고 색씨(索氏)라는 돈황을 대표하는 세 명족의 이력이 기록되어 있습니다. 이 가운데 장씨와 색씨의 항목에는 각각 그 뿌리라고 할 만한 한대에 벌어진 이주의 경위에 대해서 언급하고 있습니다.

장씨의 항목에서 이케다 온은 장양에 대해서 사서에 기록된 것이 없다는 이유로 역시 '후세의 날조'라고 했지만 청하군의 택막현도 역시 황하 하류지역에 위치하고 또한 황하의 본류에 붙어 입지하고 있습니다. 이 시기에 큰 수해는 없었던 듯하지만 1년 전인 본시(本始) 4년(기원전 70) 4월에 대지진이 발생하여 피해가 관동의 거의 대부분 지역에 미쳤습니다. 지절(地節)로 개원한 것도 이 대지진에서 벗어나 부흥을 기원하기 위해서였습니다. 따라서 온 가정을 거느리고 천수로 도망쳐 나온 것도 정치적 보신과 자연재해로부터 피난이라는 두 이유에서 비롯된 것은 아닐까라고 추측합니다. 그런 의미에서 시대는 조금 앞서지만 범옹과 똑같은 사정을 상정할 수 있습니다. 그렇다면 색씨의 사례는 어떠할까요?

색무가 돈황으로 옮겨간 것은 하서지역이 전한의 지배하에 들어간 지 얼마 지나지 않은 때로 아직 돈황군 자체가 설치되기 이전이었습니다. 거록군은 청하군 서쪽에 위치하여 황하의 본류와 떨어져 있었기 때문에 하천의 범람 등의 피해를 상정할 수는 없습니다. 이케다 온은 색씨 부분에 대해서는 그 진위를 언급하고 있지 않지만 범씨나 장씨에 비하여 가장 신빙성이 낮은 것처럼 생각합니다. 그러나 주가 폐지되고 진이 설치된 북위시대에도 돈황은 유형지가 되었기 때문에 색무에 얽힌 전승도 반드시 황당무계하다고는 할 수 없습니다.

한편, '남색'의 색준에 대해서는 시대가 왕망의 신나라 때로 시기적으로 상당히 늦고 또 사회적 혼란이 시작되었기 때문에 사실일 가능성은 충분하다고 생각합니다. 이 시기에 내지의 혼란을 피해서 하서로 이주한 사람들이 있었다는 것은 이미 서술했습니다.

이처럼 전한부터 신나라에 걸친 시대에 내지에서 돈황으로 들어온 사람은 반드시 재해를 입은 빈민이라고만 할 수 없으며 중앙의 관인, 그것도 고관의 일족도 포함되어 있었다고 할 것입니다. 그들이 일족만 단독으로 이주한 것일까, 혹은 재해를 입은 가까운 민호(民戶)들과 함께 국가의 선도로 이주했을까는 좀처럼 쉽게 판단할 수는 없지만 아마 여러 경우가 있었을 것입니다.

요점정리

　돈황군의 모체가 된 것은 중원에서 보내온 빈민과 형도들이
었습니다. 그러나 이로써 곧바로 그들이 그 본적에서 떨어져 나
왔다고 다시 말해 혈연이나 지연이라는 사회적 관계를 상실했
던 사람들이었다고 생각하는 것은 성급한 추측인 듯합니다. 더
욱이 그러한 사람들의 자손들이 자연적으로 증가한 것만으로
지역사회가 성장했다는 견해도 올바르지 않습니다. 그것은 간
독이나 돈황문헌 등 여러 사료에서 그대로 확인할 수 있는 바
입니다.

　전한 말에 바다에 인접한 곳인 동해군으로부터 온 유민이나
사민의 수용이 항상적이라고도 여겨질 정도로 이루어졌을 가능
성을 상정할 수 있습니다. 이러한 상정이 크게 틀리지 않는다면
관동 서부와는 달랐던 바다 인접 지역의 문화적 환경에 대해서
도 앞으로 검토할 필요가 있습니다. 또한 돈황으로 이주한 사람
들 속에는 애초 빈민이나 형도만이 아니라 고위 관리를 포함한
관인의 가족도 있었습니다. 그 가운데에는 거의 형도에 가까운
모습으로 가장 서쪽 끝의 도시로 이주하게 된 사람들이 섞여
있었을 가능성도 부정할 수 없지만 그들은 유교적 소양은 물론
이거니와 황로사상이나 노장사상에도 정통하였을 것입니다. 이

런 문화적 소양과 업적이 있었기에 서진부터 오호십육국에 걸친 시대에 많은 돈황 출신 인사들이 정사의 열전에 들어갈 수 있게 된 것은 아닐까요?

돈황이 만들어낸 독특한 진묘병이나 화상전도 이러한 긴 시간적 관점에서 그것이 성행하게 된 사정을 다시 검토할 필요가 있다는 것이 이 책에서 말씀드리고 싶은 저의 생각입니다.

종장

막고굴의 벽화로

　현재 알려진 가장 새로운 진묘병은 제2장에서 언급했듯이 「북량현시10년(421)8월장법정진묘병」이지만 이 진묘병이 만들어진 지 20년도 지나지 않은 439년에는 북위가 북량을 멸망시키고 화북 통일을 성취하였습니다. 돈황에는 돈황진이 설치되어 군정이 이루어졌지만 이 시기 고묘군의 상황에 대해서는 분명하지 않습니다. 따라서 북위의 군정하에서도 진묘병이 계속 만들어지고 묘 안에 부장되었을까라는 문제는 앞으로 풀어야 할 과제입니다.

　그런데 421년 이후 439년까지 북량시대의 진묘병이 출토되지 않은 점도 마음에 걸립니다. 북량은 하서지역을 지배한 역대 정권 가운데서도 특히 불교를 중시한 정권이기 때문입니다. 북량은 저명한 승려를 초빙하고 비호한 것만이 아니라 불교를 이데올로기로 이용했다는 점에서 역사적 의미가 있습니다. 투루판에 거점을 둔 망명정권도 포함하여 북량의 지배하에 만들어진 [그림 54] 같은 불탑이 각지에서 출토되고 있습니다. 동일한 형상을 하고 똑같이 『불설십이인연경(佛說十二因緣經)』이 새겨진 12점의 불탑 대부분은 부모와 함께 '군왕(君王)'에 대한 보은을 기원하고자 만들어졌습니다[殷光明 2000]. 북위 불교의 선구적

형태를 여기에서 확인할 수 있지만 이런 정책이 추진되어 가는 가운데 돈황의 장례의례에도 무언가 영향을 끼쳤을 가능성도 생각해볼 만합니다.

이처럼 421년 이후 상황에 대해서는 잘 알려지지 않았지만 늦어도 7세기에는 돈황에서도 수장의물소가 틀림없이 작성되었습니다. 요 몇 년 사이 막고굴 북구의 제228굴에서 「대량안락3년(619) 2월곽방수장의물소[大涼安樂三年(619)二月郭方隨葬衣物疏]」(B228:1)[그림 55]가 출토되었기 때문입니다[關尾史郎 2006C]. 이 굴은 2실 구조로 후실에는 남성 2명에 해당하는 인골이 흩어져 있다고 하니 그중 하나가 곽방의 인골일 것입니다. 북구에는 이렇게 죽은 사람을 안치하기 위한 예굴(瘞窟)이 몇 개 있지만 이것도 그 하나일 것으로 생각합니다.

'안락(安樂)'이라는 연호는 수나라 말기의 혼란을 틈타 소그드인 세력의 지원을 받아서 하서지역에 자립했던 이궤(李軌)정권이 사용한 것입니다. 오호십육국시대까지는 진묘병 일변도였던 돈황에서도 7세기에는 이미 진묘병은 자취를 감추고 수장의

물소가 그 기능을 잇고 있었던 것입니다. 이 의물소에는 '오도
대신(五道大神)'이나 '오계십선[五戒十善, 십선오계(十善五戒)]'라
는 투루판에서 출토된 6세기 중기부터 7세기 전기에 걸친 의물
소나 내지인 산동성 임구(臨朐)에서 일찍이 출토된 목간의 「북
제무평4년(573)7월왕강비수장의물소[北齊武平四年(573)七月王江
妃隨葬衣物疏]」(『도재장석기(陶齋藏石記)』권13 수록) 등에 등장하
는 용어와 공통된 것이 보이기 때문에 이들은 같은 종교적 배
경하에서 작성되었다고 생각합니다[關尾史郎 2008B].

진묘병과 똑같이 화상전도 군정하에서 어떠했는지는 알 수
없습니다. 분명한 것은 북위 이후 조영된 막고굴의 벽화 가운데
에서 같은 모티브를 찾을 수 있다는 점입니다.

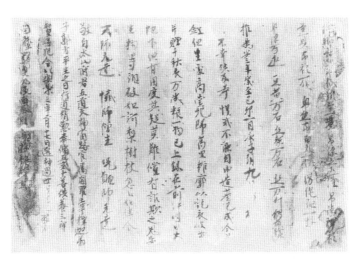

[그림 55] 「大涼安樂三年(619)二月郭方隨葬衣物疏」

524년 북위의 돈황진(敦煌鎭)이 과주로 전환되었습니다. 최초의 자사로서 이 지역에 부임한 원태영(元太榮)이 깊이 불교에 귀의한 것은 그 이름을 기록한 제기를 덧붙인 사경(寫經)이 세계 각지의 박물관이나 도서관에 소장되어 있는 것에서 분명히 알 수 있습니다. 막고굴 제249굴은 원태영이 조영한 것으로 추측하는 굴입니다. 이 굴의 천정을 두르듯이 여러 신수가 그려져 있습니다. 열거하면 다음과 같습니다.

⑳ 돈황·막고굴 제249굴 굴정(窟頂)벽화의 도상[敦煌研究院(編) 1996:87]

동면: 주작·오획(烏獲)·현무·개명
서면: 뇌신(雷神)·벽전(霹電)·우사(雨師)·오획
남면: 개명·경예(鯨鯢)·백호·오획
북면: 오획·천마(天馬)·경예·개명

모든 신수가 화상전의 신수와 일치하지 않으며 사신 외에는 경예[鯨鯢, 대예(大鯢)] 정도만 일치합니다. 그러나 같은 굴 천정의 북면과 남면에 그려진 제석천(帝釋天)과 제석천비(帝釋天妃)는 동왕공과 서왕모를 모방한 것으로 생각합니다[그림 56]. 또한 이 제249굴과 똑같이 서위시대에 조영된 제285굴의 벽면도 주목할 만합니다.

㉑ 돈황·막고굴 제285굴 벽화의 도상[敦煌研究院(編) 1996: 102]

[그림 56] 서왕모를 그린 벽화(부분)

동면: 오획·개명
서면: 뇌신·비렴(飛廉)
남면: 개명·주작·오획
북면: 주작·오획·비렴

역시 사신의 주작과 비렴[飛廉, 비렴(蜚廉)] 정도밖에 공통된 신수가 없지만 동면의 굴정 가까이에 그려진 보응성보살(寶應聲菩薩)과 보길상보살(寶吉祥菩薩)은 사람 머리에 몸은 뱀인 형상이어서 틀림없이 복희와 여와의 모습인 것 같습니다[그림 57].

이외에도 제257굴(북위시대)에는 청룡이나 백호가, 제296굴(서위시대)에는 비천이나 장미오(長尾烏) 등이 또한 제296굴(북주시대)에는 백호나 창룡(蒼龍) 등이 각각 그려져 있습니다. 오호십육국시대부터 북조시대에 걸쳐 조영된 굴 대부분은 그 뒤에 수리되고 복구될 때 벽화에도 손을 댔기 때문에 처음 조영할 당시 신수가 그려진 굴은 이외에도 몇 개 더 있었을

[그림 57] 복희·여와를 그린 벽화(부분)

가능성을 부정할 수는 없습니다.

은광명이 지적하였듯이[殷光明 2006] 화상전묘부터 막고굴 벽화까지는 3~4세기부터 6세기 중엽까지 약 200년이라는 단절이 있습니다. 따라서 막고굴 벽화에는 돈황의 화상전묘 이외의 무언가가 영향을 미쳤을 가능성을 고려할 필요가 있지만 같은 돈황의 화상전묘의 모티브가 그 원류 가운데 하나가 된다는 것은 인정해도 좋을 듯합니다.

중앙아시아로

1997년 가을 돈황에서 서남쪽으로 직선거리로 약 1,100km 떨어진 신강위구르자치구의 민풍현(民豊縣)에 있는 니야유적에서 발굴조사를 진행하고 있던 중국·일본합동조사대가 묘하나(97MNIM1)에서 도병을 파내었습니다[그림 58]. 검은색 표면에는 문자가 붉은 글씨로 쓰인 흔적 외에 병 안에

[그림 58] 「年次未詳某人鎮墓瓶」

조 같은 곡류가 들어 있는 것을 확인할 수 있었습니다[日中共同 ニ ヤ遺跡學術調査隊(編) 2007]. 이것은 진묘병과 다름없습니다. 높이는 11.5cm이어서 조금 큰 편이지만 기형은 돈황의 진묘병과 비슷합니다. 니야유적은 옛날 오아시스도시국가인 정절국[精絶 國, 차도타(Cadota)]의 도성 유지입니다. 묘장의 연대는 '한진(漢 晋)시대'라고 하여 그 추정연대 폭이 다소 넓지만 아마 서진·오호십육국시대일 것입니다.

그리고 2007년 여름에 이번에는 돈황에서 직선으로 서북서

[그림 59] 신수를 그린 화상전[雕塼]

[그림 60] 청룡을 그린 화상전[雕塼]

쪽으로 1,000km 떨어진 신강의 고차현(庫車縣)에서 10기로 구성된 고묘군이 발견되었습니다. 고차는 옛날 오아시스 도시국가인 구자(龜玆; 쿠차)가 번영했던 곳이며 '진・십육국'시대의 것으로 추정되는 이 고묘군도 옛 성지에서 500m밖에 떨어져 있지 않습니다. 이 가운데 제3호묘의 묘문 위 조벽에 사신을 비롯하여 천록(天鹿) 등 신수나 여러 문양이 새겨져 있는 조전이 끼워져 있는 것이 발견되었습니다[그림 59]. 더욱이 제2호묘, 제8호묘에서도 묘실의 벽면에 적색이나 황색으로 문양이 그려져 있는 것으로 보이는 벽돌이 확인되었습니다[于志勇・吳勇・傅明方 2008]. 묘실의 벽돌에 대해서는 판단이 어렵습니다. 신수를 그린 조벽의 조전은 돈황에서도 비슷한 사례가 몇 개 있지만[그림 60] 현재로서는 돈황밖에 없다고 말하는 편이 정확할 듯합니다.

그렇다면 이런 진묘병이나 조전의 출현을 어떻게 생각하는 것이 좋을까요? 검토 자료가 매우 적어 여기에서는 간단히 추측할 수밖에 없습니다.

4세기 초 팔왕의 난이나 영가의 난 등 혼란을 피하여 중원에서 많은 사람들이 여러 지역으로 이동하였는데[關尾史郎 1999] 고도 장안과 그 인근 지역 사람들 가운데 많은 이들이 서쪽을 목적지로 하였습니다. 그 때문에 하서지역에도 그들을 수용하기 위해 군과 현이 몇 개 설치된 것은 서장에서 언급했습니다. 이러한 움직임에 촉발되어 하서지역 사람들이 더욱 서쪽을 향해 떠나서 투루판에 인구가 급증하여 이곳에 고창군이 설치되었습니다. 돈황 출신의 사람들이 그 일군에 포함되었다는 것은 투루판의 아스타나·카라호자 고묘군에서 출토된 몇 개의 묘지기록에서 확인되었습니다.

그러나 실제는 영호(令狐)씨처럼 돈황에서 명족이었던 일족이 투루판에서는 사회적으로 그다지 높은 지위를 얻지 못한 것이 출토사료를 통해 명확해졌습니다[王素 1984]. 앞에서도 서술했듯이 투루판에서는 진묘병이 출토된 예는 전혀 없으며 묘에는 하나같이 수장의물소가 부장되었습니다. 또한 화장전묘도 발견되지 않았는데 지금까지 발견된 것은 주천이나 고대 등에서 발견된 묘실의 벽면을 이용한 벽화묘뿐입니다. 즉 돈황에서 성행했던 장례습속은 이 지역에서는 그 편린조차 보이지 않는 것입니다.

하서지역의 여러 도시와 똑같이 오아시스도시인 투루판의 수용력에도 한계가 있던 것은 틀림없습니다. 돈황 출신 사람들 가운데 이 지역에 정착하기보다 더 서쪽의 니야나 쿠차를 목적지로 선택한 사람들도 있었을 것을 충분히 생각할 수 있습니다.

분명히 이 시대에 니야나 쿠차에는 중국세계처럼 군현제가 실시된 적도 없고 하서지역, 특히 돈황에서 사람들이 유입했다는 기록도 남아 있지 않습니다. 그러나 새롭게 출토된 이들 진묘병이나 조전을 통해 그 지역에도 사람들이 유입하여 정착했다는 것을 엿볼 수 있습니다. 진묘병도, 조전도 돈황의 것과 매우 유사하다는 점에서 판단하건대 그것은 돈황 출신 사람들이 가져온 것은 아닐까요?

물론 투루판에 흘러들어가 정착한 사람들에 비하면 더 먼 니야나 쿠차까지 힘들여 찾아간 사람들이 많지 않다는 것은 틀림없습니다. 그렇기는커녕 애초에 정말로 돈황에서 사람들이 이동해 갔을까라는 의문도 있을 수 있습니다. 니야에서 발견된 묘는 작은 수혈식(竪穴式) 토갱묘인데 진묘병은 시신의 가슴 부근에 놓여 있었습니다. 머리 부근이나 발 아래에는 없고 시신의 바로 가까운 곳에 부장된 점은 돈황의 예와 동일합니다. 또한 함께 출토된 동경(銅鏡)에는 '기식조부□(유)(飢食棗浮□(游)'라는 다섯 문자가 확인되어 「태산칠유사신경(泰山七乳四神鏡)」의 일부분이라고 생각합니다.

이 다섯 글자는 '갈음옥천, 기식조, 부유천하, 오삼해(渴飮玉泉, 飢食棗, 浮游天下, 敖三海; 목이 말라 옥천을 마시며 배가 고파 대추를 먹는다. 천하를 떠돌며 사해를 노닌다)'라는 문장의 일부이며, 이른 것으로는 기원 전후 무렵의 한나라 동경에서 볼 수 있습니다[中國古鏡の研究班 2009]. 발굴을 담당한 중국과 일

본 연구자들도 이 출토유물에서 보이는 특징을 종합적으로 판단하여 피장자 자신이 '한민족(漢民族) 지역'에서 니야로 왔을 가능성을 지적하였습니다[日中共同ニヤ遺跡學術調査隊(編) 2007].

또한 쿠차의 경우 묘도를 갖춘 전실묘가 제3호묘를 포함하여 4기가 발견되었습니다. 묘의 규모나 구조를 비롯하여 전후좌우로 밀집해서 묘를 조영한 방식은 돈황 등 하서지역에서 보이는 것과 동일합니다. 아마 일족 묘인 듯합니다. 역시 발굴 담당자는 중국세계의 전통적 문화의 직접적 영향을 인정하며 피장자에 대해서도 하서지역에서 이주한 '호족(豪族)'일 가능성을 제기하였습니다[于志勇・吳勇・傅明方 2008].

자연조건에 큰 제약을 받는 의식주 등 생활문화에 비하여 장례풍속에 속하는 진묘병이나 화상전은 세계관이나 종교의식을 상징하는 것이기에 생활환경이나 자연조건이 변화하더라도 고유한 전통이 보다 장기간에 걸쳐 보호되고 유지된다고 생각할 수 있습니다. 따라서 니야나 쿠차의 원주민들이 어떤 계기로 한족의 고유한 장례풍속을 받아들였다고 생각하기보다는 한족이 그들의 장례풍속을 이동지인 니야나 쿠차에 가지고 왔다고 하는 편이 사실에 가까울 것입니다. 그러나 진묘병이든 화상전이든 출토사례가 적다는 것은 이런 장례풍속도 얼마 지나지 않아 세대를 거듭하면서 점차 잊혔다는 것을 나타냅니다. 돈황이 만들어낸 독자적인 장례풍속을 상징하는 진묘병과 화상전의 공간적・시간적 한계는 여기에서 구할 수 있지 않을까요!

저자 후기

이 책의 골자가 된 것은「묘장문물에서 본 <하서>, 돈황-진묘문과 화상전을 중심으로」라는 제목으로 위진남북조연구회의 제5회 대회(2005년 9년 17일, 오차노미즈여자대학)에서 구두 발표한 글입니다. 이 발표는 2003년도 미시마가이운(三島海雲)기념재단학술장려상·인문과학 부문「'오호십육국'시대에 관한 사료 수집·정리와 그것을 이용한 역사연구」(연구대표자: 세키오 시로)와 2004~2005년도 과학연구보조금·맹아연구「위진시대를 중심으로 한 중국고대사연구에서 화상자료의 이용 개발」(연구대표자: 세키오 시로, 과제번호: 16652053) 등의 일환으로 지원을 받아 조사하고 연구한 결과를 정리한 것입니다. 또한 구두로 보고함과 동시에 진묘병과 화상전 각각에 대해 각종 데이터를 정리하고 자료를 모으거나 연구 노트 등에 정리하였습니다. 무엇이든 작더라도 성과를 거둘 수 있어서 이 책에는 그런 성과도 반영하였습니다. 이 책과 같은 제목과 내용으로 자그마한 책을 쓰려는 생각을 하게 된 것도 그 발표 직후라고 기억합니다.

운 좋게도 2008년도부터 과학연구비보조금·기반연구(A)「출토자료군의 데이터베이스화와 그것을 이용한 중국 고대사상의 기층사회에 관한 다면적 분석」[연구대표자: 세키오 시로, 과제번호 2024019. 통칭 '남북과연(南北科硏)']의 지원을 받아 조사와 연구를 시작할 수 있었습니다. 이 프로젝트는 2011년까지 수행될 예정으로 현재도 진행 중입니다. 아시아사, 도상학, 고고학, 미술사, 그리고 일본사나 서양사 연구자가 일원으로 참여하고 있어 진묘병과 화상전에 대해서도 보다 전문적이고 다면적인 시각에서 도출할 수 있는 성과가 기대됩니다. 그러나 작은 책으로 정리하겠다는 계획은 예상치 못한 사태에 휩싸여 좌절된 적도 있습니다.

잠자고 있던 계획을 지금의 모습으로 실현할 수 있었던 것은 예전부터 동료였던 겐 유키코(玄幸子, 간사이대학 외국어학부) 선생님 덕분입니다. 1년간 해외연수로 충전한 겐 유키코 선생님이 등을 밀어주지 않았다면 이 책은 빛을 보지 못했을 것입니다. 또한 연구 동료 가운데 한 사람인 이와모토 아츠지(岩本篤志, 니카타대학 현대사회문화연구과) 선생님은 이 책의 초고를 정독한 뒤 정확한 조언을 주었습니다. 우선 이 두 분에게 감사를 드립니다. 더욱이 연구담당 부학부장인 구와하라 사토시(桑原總)와 선서편집전문부회의 회의장인 아키 다카미치(秋孝道) 두 선생님을 비롯한 니가타대학 인문학부 연구추진위원회와 선서편집전문부회의 여러 선생님께는 기획 조사부터 초고 교열에 이르기까지 줄곧 도움을 받았습니다. 모두 일상적으로 매우 바쁘다는 것을 알고 있기에 죄송스러운 마음이 깊어집니다. 정말로 감사드립니다.

앞에서도 썼듯이 이 책은 현재 진행 중인 남북과연(南北科硏)에 의한 연구 성과의 일부이기도 합니다. 학교 일 때문에 너무 바빠 대표의 직책을 소홀히 하는 저를 대신하여 진묘병·화상전 연구반[통칭 서북반(西北班)]을 이끌고 계시는 와타베 다케시[도카이(東海)대학 문학부], 마치타 다카요시[오비린(櫻美林)대학 국제학연구과] 두 선생님, 그리고 평소에 유익한 가르침을 주는 이치키 히로시(市來弘志, 가쿠슈인대학 강사)와 기타무라 하루카(미술사연구자)를 비롯한 분담자와 협력자 모든 분에게도 이 자리를 빌려 사의를 표합니다.

2011년 3월

세키오 시로(關尾史郎)

역자의 말

올해 2월 말 일본 교토대학에서 연구년을 보내던 선배님 덕분에 다채로운 경치로 널리 알려진 니가타 현의 사도(佐渡) 섬을 1박 2일의 일정으로 다녀온 적이 있다. 니가타대학에서 「환동아시아지역에서 본 수당제국―1차 사료와 지역에서 보다」라는 주제로 개최된 국제심포지엄에 참가한 뒤였다.

니가타항에서 시속 80km의 쾌속선을 타고 1시간 남짓 지나자 사도 섬에 도착할 수 있었다. 그때는 관광철도 아니었고 비가 보슬보슬 내리기까지 하여 외부 관광객은 보기 힘들었다. 섬을 일주하는 관광순환버스에 오르고 보니 승객은 역시나 우리두 사람뿐이었다. 우리가 그 버스를 전세 낸 셈이 되었다. 버스맨 앞좌석에 앉아 안내원의 친절한 설명을 들으며 고요한 절경과 고즈넉한 정취를 여유롭게 즐겼다. 그리고 저녁에 노천온천탕에 앉아 올려본 밤하늘은 청량감을 주었다. 따뜻함과 유쾌함이 가득한 여정이었다.

니가타시로 돌아온 날 저녁, 우리를 그 심포지엄에 초청해 준이 책의 저자인 세키오 시로 선생님은 다음 날이면 돌아갈 우리를 위해 식사자리를 마련하였다. 이러저러한 담소를 나누던 중 세키오 시로 선생님은 가끔 사도 섬에 가서 대중 강연을 하며 사도는 돈황과 비슷하다는 이야기를 한다고 하였다. 그 말에 동의했다. 사도 섬에서 본 옛 자취 가운데 사도킨잔(佐渡金山)이라는 금광이 떠올랐기 때문이었다. 그곳은 특히 에도막부의 중요한 재원이었기에 막부의 주목과 관리를 받았다. 이것이 황제의 관심과 중앙 권력의 침투에 따른 돈황의 부상 및 변모와 비슷해 보였던 것이다. 그러나 나의 짐작은 빗나가고 말았다. 세키오 시로 선생님의 본뜻은, 사도 섬은 한때 유배지일 정도로 중앙과 격절된 곳이었고 자급이 어느 정도 가능한 큰 섬(사도 섬의 면적은 854.76km^{2}로 제주도 면적의 약 46%나 되는 크기이다)이기 때문에 사도 섬만의 독특한 정체성이 있다는 점에서 사도가 돈황과 비슷하다는 것이었다. 이 이야기에서 세키오 시로 선생님의 돈황에 대한 관점을 몸소 실감할 수 있었다. 그리고 이 책『또 하나의 돈황─진묘병과 화상전의 세계』의 논지를 새삼 확인할 수 있었다.

일반적으로 우리에게 돈황은 실크로드의 거점 도시 그리고 중국 3대 석굴의 하나인 돈황석굴의 소재지로 널리 알려져 있다. 또한 20세기 초 막고굴 제17굴인 장경동(藏經洞)에서 돈황 문헌이 발견되고 서구로 유출된 것도 돈황과 관련하여 자주 언급되는 일화이다. 이때 혜초의 왕오천축국전이 발견되어 프랑스에 가게 된 사실도 덧붙이곤 한다. 돈황에 대한 이러한 인식에 대해 이 책은 두 가지 측면에서 '또 하나'의 돈황의 모습을 새롭게 제시하고 있다.

첫째는 돈황을 바라보는 관점이다. 종래 연구에서는 동서교역로로서 실크로드의 역사를 파악하기 위해, 중국 불교의 전래와 성장을 이해하기 위해, 그리고 황제 권력의 지방통치 실상을 추적하기 위해 돈황을 소재로 주로 삼아 왔다. 그 연구 목적이 돈황의 실상을 밝히는 것이라기보다 돈황의 사례를 활용하여 다른 무엇을 규명하고자 하는 것이었다. 이에 대해 저자의 관심은 오로지 돈황 그 자체에 맞춰져 있다. 그것은 돈황이 성립된 이후 중원의 영향을 받을 때나 받지 않을 때나 돈황 사람들 스스로가 자신의 삶과 사회를 읽어가는 역사적 모습을 논증하여 돈황의 정체성을 규명하려는 것이다. 이 책에서는 돈황의 독특하고 농밀한 생사관과 상장문화를 통해 이를 전달하여 우리가 무관심했던 '또 하나'의 돈황을 떠오르게 한다.

둘째는 돈황 관련 자료의 활용이다. 종래 연구에서는 돈황에서 출토된 자료 가운데 불상, 벽화, 목간, 그리고 문서 등이 주로 이용되었다. 저자 역시 문서자료를 근거로 하여 많은 연구 성과를 냈었다. 현재 저자는 이 분야에서 일본을 대표로 하는 전문가 중 한 사람이기도 하다. 그럼에도 불구하고 이 책에서 그가 활용하는 자료는 진묘병과 화상전이다. 모두 직접적인 문자 자료가 아니며 묘에서 출토된 부장물이다. 돈황을 전론한 책 가운데 진묘병과 화상전만으로 돈황의 역사와 사회를 서술한 책이 출판된 적이 없는 상황에서 이 책은 진묘병과 화상전이 매장된 묘의 성격, 진묘병과 화상전의 크기, 진묘병의 진묘문과 화상전의 그림 등을 세밀하게 분석하여 돈황의 새로운 모습을 전해 주고 있다. 이는 곧 다양한 역사 자료에 대한 관심을 촉구하는 '또 하나'의 돈황을 보여준다.

이처럼 『또 하나의 돈황―진묘병과 화상전의 세계』는 돈황의 정체성을 중시하는 관점과 색다른 자료활용이라는 면에서 신선한 자극을 주고 있다. 현재 우리 학계에서는 역사학 방면에서 돈황에 대한 연구 성과가 많지 않다. 그 연구 경향은 중원왕조의 통치 양상을 확인하기 위해 돈황을 연구하고 그 분석자료도 문서에만 주로 한정되어 있다.* 이 책은 우리의 돈황 연구의 폭을 넓히는 데 시사하는 바가 클 것이다. 뿐만 아니라 지역사를 포함한 특정 공간을 대상으로 삼는 연구에 참고가 될 수 있을 것이다. 아울러 내가 속한 지역의 정체성과 그 속의 삶을 돌이켜 보게 할 것이다.

이 책을 번역하는 과정에서 여러 분으로부터 도움을 받았다. 우선 저자인 세키오 시로 선생님은 도판 등 출판에 필요한 사항에 흔쾌히 협조해 주셔서 출판 작업을 순조롭게 진행하는 데 큰 힘을 주셨다. 진심으로 감사드린다.

또한 2004년 도쿄의 내륙 아시아 출토자료 관련 세미나에서 저자와 처음 만난 이래 저자의 연구 성과를 통해 여러 자극을

---

* 돈황에 대한 우리나라의 연구 경향은 박근칠의 「한국의 돈황 역사학 연구」(『중국학보』 73, 2015)에 상세히 기술되어 있다.

받아 기회가 있다면 이를 한국에 소개하고자 했다. 이런 역자의 바람을, 한림대학교 일본학연구소 소장이신 서정완 선생님은 주저 없이 받아 주시고 격려해 주셨다. 감사의 말씀을 드린다.

번역은 흥미롭긴 하지만 항상 부담스럽고 어렵다. 오역의 굴레에서 벗어나기가 쉽지 않다. 그렇기에 주변 분들에게 번역 원고의 일독을 부탁드린다. 위진남북조·수당시대의 돈황문서를 포함한 돈황 출토자료에 대한 수집과 연구를 끊임없이 진행해 오신 한성대학교 역사문화학부의 박근칠 선생님은 오역 수정만이 아니라 어미 선택까지 세심한 지적을 번역 원고에 빨갛게 담아 전해 주셨다. 그리고 같은 시대 전공의 동학들과 다른 시대 전공의 동학들도 바쁜 시간을 쪼개가며 번역의 오류를 예리하게 잡아주고 대안도 제시해 주었다. 이런 도움을 받았기에 좀 더 나은 번역 원고가 될 수 있었다. 감사와 고마움을 표한다. 그럼에도 여전히 있을 잘못은 물론 오롯이 역자의 책임이다.

마지막으로 이번 학기에 퇴직하시는 같은 과의 표교열 선생님께 감사의 마음을 꼭 전하고 싶다. 그간 선생님께서 베풀어 주신 애정, 배려와 보이지 않는 가르침에 제대로 그 마음을 표현한 적이 없다. 이 자리를 빌려 감사의 말씀을 전한다.

2015년 8월
최재영(崔宰榮)

참고문헌

1. 중문

賈小軍, 『魏晉十六國河西史稿』, 天津:天津古籍出版社・“河西歷史與文化” 研究叢書, 2009.

甘肅省文物考古研究所(編), 『敦煌祁家灣-西晉十六國墓葬發掘報告』, 北京: 文物出版社, 1994.

甘肅省文物考古研究所, 「甘肅酒泉西溝村魏晉墓發掘報告」, 『文物』 1996年 第7期, 1996, pp.4-38.

甘肅省文物考古研究所(編), 『敦煌佛爺廟灣西晉畫像磚廟』, 北京: 文物出版社, 1998.

甘肅省文物考古研究所, 「甘肅疏勒河魏晉墓發掘簡報」, 『隴右文博』 2002年 第1期, 2002, pp.5-15.

甘肅省文物考古研究所, 「甘肅省高臺縣駱駝魏晉墓發掘簡報」, 『考古與文物』 2005年 第5期, 2005, pp.16-28.

甘肅省文物考古研究所(編), 『崇信于家灣周墓』, 北京: 文物出版社, 2009.

甘肅省文物局(編), 『甘肅文物菁華』, 北京: 文物出版社, 2006.

甘肅省文物隊・甘肅省博物館・嘉峪關市文物管理所(編), 『嘉峪關壁畫墓發掘報告』, 北京: 文物出版社, 1985.

甘肅省地圖集編纂辦公室(編), 『中華人民共和國 甘肅省地圖集』, 蘭州: 甘肅省地圖集編纂辦公室, 1977.

姜伯勤, 『敦煌藝術宗敎與禮樂文明-敦煌心史散論』, 北京: 中國社會科學出版社・唐研究基金會叢書, 1996.

郭永利・楊惠福, 「敦煌翟宗盈墓及其年代」, 『考古與文物』 2007年 第4期, 2007,

218

pp.61-63.

寇克紅,「高臺許三灣前秦墓葬題銘小考」,『高臺魏晉墓與河西歷史文化國際學術研討會論文集』, 高臺: 中國高臺縣委員會/高臺縣人民政府 외, 2010, pp.13-18.

洛陽博物館,「洛陽西漢卜千秋壁畫墓發掘簡報」,『文物』1977年 第6期, 1997, pp.1-12, 圖版 1-3.

唐耕耦・陸宏基(編),『敦煌社會經濟文獻眞蹟釋錄』第1輯, 北京: 書目文獻出版社/香港: 古佚小說會, 1986.

唐金裕,「漢初平四年王氏朱書陶瓶」,『文物』1980年第1期, p.95.

敦煌文物研究所考古組,「敦煌晉墓」,『考古』1974年 第3期, 1974, pp.191-199, 圖版 7.

敦煌市志編纂委員會(編),『敦煌市志』, 北京: 新華出版社・中華人民共和國地方志叢書, 1994.

敦煌市博物館編『敦煌文物』, 蘭州: 甘肅人民美術出版社, 2002.

敦煌研究員(編),『敦煌石窟内容總錄』, 北京: 文物出版社, 1996.

敦煌研究員(編),『敦煌莫高窟北區石窟』第3卷, 北京: 文物出版社, 2004.

敦煌縣博物館考古組・北京大學考古實習隊,「記敦煌發見的西晉・十六國墓葬」, 北京大學中國中古史研究中心 編 『敦煌吐魯番文獻研究』 第4輯, 北京: 北京大學出版社, 1987, pp.623-648.

沙知(主編),『英藏敦煌文獻(漢文佛經以外部份)』 第3卷, 成都: 四川人民出版社, 1990.

上海古籍出版社・法國國家圖書館 編,『法藏敦煌西域文獻』第16卷, 上海: 上海古籍出版社, 2001.

施愛民,『甘肅高臺魏晉墓彩繪磚』, 重慶: 重慶出版社・中國古代壁畫精華叢書, 1999.

俄軍・鄭炳林・高國祥(主編),『甘肅出土魏晉唐墓壁畫』 全3册, 蘭州: 蘭州大學出版社, 2009.

岳邦湖・田曉・杜思平・張軍武,『巖畫及墓葬壁畫』, 蘭州: 敦煌文藝出版社・遙望星宿-甘肅考古文化叢書, 2004.

呂志峰,『東漢石刻磚陶等民俗性文字資料詞匯研究』, 上海: 上海人民出版社, 2009.

余欣, 『神道人心-唐宋之際敦煌民生活宗教社會史研究』, 北京: 中華書局, 2006.

連雲港市博物館・東海縣博物館・中國社會科學院簡帛研究中心・中國文物
　　研究所(編), 『尹灣漢簡簡牘』, 北京: 中華書局, 1997.

閻文儒, 「河西考古簡報」(上), 『國學季刊』 第7卷 第1號, 1950, pp.115-139.

吳榮曾, 「鎮墓文中所見到的東漢道巫關係」, 『文物』 1981年 第3期, 1981,
　　pp.56-63.

王素, 「高昌令狐氏的由來」, 『學林漫錄』 第9集, 1984, pp.184-188.

王素, 「高省火祆教論考」, 『歷史研究』 1986年 第3期, 1986, pp.168-177.

王素, 「敦煌出土前涼文書所見"建元"年號的歸屬-兼論敦煌莫高窟的創建時間」,
　　季羨林・饒宗頤・周一良 主編, 『敦煌吐魯番研究』 第2卷, 北京:
　　北京大學出版社, 1997, pp.13-22.

王素, 『高昌史稿』 統治編, 北京: 文物出版社・中國文物研究所出土文獻研
　　究, 1998.

王素・李方, 『魏晉南北朝敦煌文獻編年』, 臺北: 新文豐出版公司・補資治通
　　鑑史料長編稿系列, 1997.

汪受寬, 『甘肅通史 秦漢卷』, 蘭州: 甘肅人民出版社, 2009.

王澤慶, 「東漢延熹九年朱書魂瓶」, 『中國文物報』 1993年 11月 17日: 3版.

于志勇・吳勇・傅明方, 「新疆庫車縣縣晉十六國時期磚室墓發掘」, 國家文物局
　　主編 『2007 中國重要考古發見』, 北京: 文物出版社, 2008, pp.92-98.

劉昭瑞, 『漢魏石刻文字繫年』, 臺北: 新文豐出版公司・補資治通鑑史料長編
　　稿系列, 2001.

劉昭瑞, 『考古發現與早期道教研究』, 北京: 文物出版社, 2007.

劉曉東, 『嘉峪關魏晉民俗研究』, 蘭州: 甘肅文化出版社, 2010.

劉屹, 『敬天與崇道-中古經教道教形成的思想史背景』, 北京: 中華書局・華
　　林博士文庫, 2005.

殷光明, 『北涼石塔研究』, 新竹: (財)覺風佛教藝術文化基金會, 2000.

殷光明, 「敦煌西晉墨書題記畫像磚墓及相關內容考論」, 『考古與文物』 2008
　　年 第2期, 2008, pp.96-106.

李并成, 『河西走廊歷史時期沙漠化研究』, 北京: 科學出版社・西北開發與可
　　持續發展系列書, 2003.

張朋川, 「河西出土的漢晉繪畫簡述」, 『文物』, 1978年 第6期, 1978, pp.59-71.

張寶璽編, 『嘉峪關西泉魏晉十六國墓壁畫』, 蘭州: 甘肅人民美術出版社, 2001.

張小舟, 「北方地區魏晉十六國墓葬的區分與分期」, 『考古學報』 1987年 第1
期, 1987, pp.19-43.

張勳燎・白彬, 『中國道教考古』 全6冊, 北京: 線裝書局, 2006.

儲曉軍, 「敦煌魏晉鎭墓文研究」, 『敦煌研究』 2009年 第1期, 2009, pp.59-63.

鄭岩, 『魏晉南北朝壁畫墓研究』, 北京: 文物出版社・考古新視野叢書, 2002.

趙吳成, 「河西墓室壁畫中"伏羲・女媧"和"牛首人身・鷄首人身"圖像淺析」,
『考古與文物』 2005年 第4期, 2005, pp.66-70.

曾昭燏・張寶庚・黎忠義, 『沂南古畫像石墓發掘報告』, 北京: 文化部文物管
理局, 1956.

靑海省文物考古研究所(編), 『上孫家寨漢晉墓』, 北京: 文物出版社, 1993.

賀西林, 『古墓丹靑-漢代墓室壁畫的發現與研究』, 西安: 陝西人民美術出版
社, 2001.

胡之(主編), 『甘肅嘉峪關魏晉五號墓彩繪磚』, 重慶: 重慶出版社・中國古代
壁畫精華叢書, 2002.

胡平生・張德芳(編), 『敦煌懸泉置漢簡釋粹』, 上海: 上海古籍出版社, 2001.

2. 일문

江優子, 「漢墓出土の鎭墓瓶について-鎭文と墓内配置に見える死生觀-」,
『鷹凌史學』 第29號, 2003, pp.1-45.

高村武幸, 『漢代の地方官吏と地域社會』, 東京: 汲古書院・汲古叢書75, 2008.

關尾史郎, 「南涼呈券(三九七〜四一四)と徙民政策」, 『史學雜誌』 第89編 第
1號, 1980, pp.42-63.

關尾史郎, 「中國古代における移動と東アジア」, 『講座 世界歷史』 第19卷・
移動と移民-地域を結ぶダイナミズム, 東京: 岩波書店, 1999,
pp.225-253.

關尾史郎, 「漢魏交替期の河西」, 『中國世界における地域社會と地域文化に
關する研究』 第2輯, 2003, pp.1-14.

關尾史郎編, 『中國西北地域出土鎭墓文集成(稿)』, 新潟: 新潟大學超域研

究機構・大域プロジェクト研究資料叢刊Ⅶ, 2005.

關尾史郎, 「甘肅出土魏晉時代畫像磚および畫像磚墓の基礎的整理」, 『西北出土文獻研究』第3號, 2006A, pp.5-26.

關尾史郎, 「疏勒河古墓群出土鎮墓文について-附, 『中國西北地域出土鎮墓文集成(稿)』補遺-」, 『西北出土文獻研究』第3號, 2006B, pp.91-102.

關尾史郎, 「莫高窟北區出土≪大涼安樂三年(619)二月郭方隨葬衣物疏≫的兩三個問題」, 季羨林・饒宗頤(主編, 『敦煌吐魯番研究』第9卷, 北京: 中華書局, 2006C, pp.13-22.

關尾史郎, 「敦煌の古墓群と出土鎮墓群」(上), 『資料學研究』第4號, 2007A, pp.15-31.

關尾史郎, 「民樂出土魏晉壁畫墓をめぐる諸問題」, 『西北出土文獻研究』第5號, 2007B, pp.133-140.

關尾史郎, 「敦煌の古墓群と出土鎮墓群」(下), 『資料學研究』第5號, 2008A, pp.1-16.

關尾史郎, 「隨葬衣物疏と鎮墓文-新たな敦煌トゥルファン學のために」, 『西北出土文獻研究』第6號, 2008B, pp.5-25.

關尾史郎, 「從吐魯番文書看敦煌文獻, 敦煌文物和敦煌地域情況」, 劉進寶(主編, 『百年敦煌學-歷史・現狀・趨勢』, 蘭州: 甘肅人民出版社, 2009, pp.344-350.

關尾史郎, 「畫像磚の出土墓をめぐって-「甘肅出土魏晉時代畫像磚および畫像磚墓の基礎的整理」補遺」, 『西北出土文獻研究』2009年度特刊, 2009, pp.89-94.

關尾史郎・玄幸子, 『敦煌への道』, 新潟日報事業社・ブックレット新潟大學4, 2002.

宮宅潔, 「懸泉置とその周邊-敦煌～安西間の歷史地理-」, 『古シルクロードの軍事・行政システム-河西回廊を中心にして』(シルクロード學研究 vol.22), 奈良: シルクロード學研究センター, 2005, pp.99-129.

吉田豊, 「ソグド語資料から見みたソグド人の活動」, 『講座 世界歷史』第11卷・中央ユーラシアの統合, 東京: 岩波書店, 1997, pp.227-248.

大西康裕・關尾史郎, 「「西涼建初四年秀才對策文」に關する一考察」, 『東アジア-歷史と文化』第4號, 1995, pp.1-20.

渡部武, 『畵像が語る中國の古代』, 東京: 平凡社・イメ-ジ・リ-ディング 叢書, 1991.

渡部武(編), 『鎭墓文・衣物疏集成(初篇)』, 平塚: 東海大學文學部東洋史硏究室, 1999.

渡部武, 「書評: 張勳燎・白彬著, 『中國道敎考古』」, 『東海大學紀要(文學部)』 第93輯, 2010, pp.105-117.

敦煌硏究院, 『中國石窟 敦煌莫高窟』 第1卷, 東京: 平凡社, 1980.

東京富士美術館編, 『「中國敦煌展」圖錄』, 八王子: 東京富士美術館, 1985.

藤田勝久, 「『史記』河渠書と『漢書』溝恤志-司馬遷の旅行によせて」, 『中國水利史硏究』 第30號, 2002, pp.2-13.

藤田勝久, 「漢簡にみえる交通と地方官附の傳」, 『愛媛大學法文學部論集』 人文學科編 29篇, 2010, pp.73-100.

白石典之, 「甘肅西部における魏晉十六國墓の編年-副葬陶器を中心にして-」, 『西北出土文獻硏究』 第5號, 2007, pp.5-26.

白須淨眞, 「在地豪族・名族社會-一~四世紀の河西-」, 『講座敦煌』 第3卷・敦煌の社會, 東京: 大東出版社, 1980, pp.3-49.

保柳睦美, 「敦煌を中心とする地域の自然環境」, 『講座敦煌』第1卷・敦煌の自然と現狀, 東京: 大同出版社, 1980.

北村永, 「敦煌佛爺廟灣西晉畵像磚および敦煌莫高窟における漢代の傳統的なモチ-フについて-」, 『佛敎藝術』 第285號, 2006, pp.25-44.

北村永, 「高臺・酒泉・嘉峪關魏晉墓に關する問題點と課題-漢代の傳統的なモチ-フに中心として-」, 『西北出土文獻硏究』 2008年度特刊, 2008, pp.19-34.

北村永, 「敦煌・嘉峪關魏晉墓に關する新收穫」, 『西北出土文獻硏究』 2009年度特刊, 2010A, pp.19-31.

北村永, 「河西地方における魏晉畵像磚墓の硏究-その現狀と展望-」, 『佛敎藝術』 第311號, 2010B, pp.65-102・卷頭畵 1-3.

富谷至, 「黃泉の國の土地賣買-漢魏六朝買地券考-」, 『大阪大學敎養部硏究集錄』 人文・社會科學 第36輯, 1987, pp.3-32.

濱川榮, 『中國古代の社會と黃河』, 東京: 早稻田大學出版部・早稻田大學學術叢書, 2009.

三崎良章,『五胡十六國の基礎的研究』, 東京: 汲古書院, 2006.

三崎良章, 「從畵像磚看高臺魏晉墓的特性」,『高臺魏晉墓與河西歷史文化國際學術研討會論文集』, 高臺: 中國高臺縣委員會/高臺縣人民政府 외, 2010, pp.7-12.

森本淳, 「後漢末の涼州の動向」, 中央大學東洋史研究室(編),『池田雄一敎授古稀記念アジア史論叢』, 八王子: 白東史學會, 2008, pp.11-132.

孫哲,『魏晉南北朝壁畵墓の世界-繪に描かれる群雄割據と民族移動の時代-』, 東京: 白帝社・アジア史選書008, 2007.

松田壽男・森鹿三,「アジア歷史地圖」, 東京: 平凡社, 1966.

市來弘志(整理), 「蘭州・武威・張掖・高臺・酒泉・嘉峪關 調査日誌」,『西北出土文獻研究』2008年度特刊, 2008, pp.5-18.

鈴木雅隆, 「鎭墓文の系譜と天師道との關係」,『史滴』第25號, 2003, pp.2-20.

鈴木雅隆, 「後漢鎭墓瓶集成」,『長江流域文化研究所年報』第5號, 2007, pp.196-288.

殷光明(北村永 譯), 「敦煌西晉墓出土の墨書題記畵像磚をめぐる考察」,『佛教藝術』第285號, 2006, pp.45-72.

日中共同ニヤ遺跡學術調査隊(編),『日中共同尼雅遺跡學術調査報告書』第3卷, 京都: 佛敎大學アジア宗敎文化情報研究所/佛敎大學ニヤ遺跡學術研究機關, 2007.

林巳奈夫,『漢代の神神』, 京都: 臨川書店, 1989.

長廣敏雄,『魏晉時代美術の研究』增補版, 京都: 朋友書店, 2010.

町田隆吉, 「敦煌出土四・五世紀陶罐等銘文について-中國古代における葬送習俗に關する覺え書き-」,『研究紀要』(東京學藝大學附屬高等學校大泉校舍) 第10集, 1986, pp.101-118.

町田隆吉, 「4~5世紀吐魯番古墓壁畵・紙面再論」,『西北出土文獻研究』第8號, 2010A, pp.21-40.

町田隆吉, 「甘肅省高臺縣出土魏晉十六國漢語文書編年(稿)」,『高臺魏晉墓與河西歷史文化國際學術研討會論文集』, 高臺: 中國高臺縣委員會/高臺縣人民政府 외, 2010B, pp.85-90.

鵜飼昌南, 「建武初期の河西地域の政治動向-『後漢書』竇融傳補遺-」,『古代文化』第48卷 第12號, 1996, pp.20-23.

224

佐藤武敏(編),『中國災害史年表』, 東京: 國書刊行會, 1993.

佐藤智水,「五胡十六國から南北朝時代」,『講座敦煌』第2卷・敦煌の歷史,
　　　東京: 大東出版社, 1980, pp.39-98.

中國古鏡の研究班,「前漢鏡銘集釋」,『東方學報』第84册, 2009, pp.139-209.

曾布川寬,『中國美術の圖像と樣式』全2册, 東京: 中央公論美術出版, 2006.

池田溫,「敦煌氾氏家傳殘卷について」,『東方學』第24輯, 1962, pp.14-29.

池田溫,「唐朝氏族志の一考察-いわゆる敦煌名族志殘卷をめぐって-」,『北海
　　　道大學文學部紀要』第13卷 第2號, 1965, pp.1-64.

池田溫,『中國古代籍帳研究-槪觀・錄文-』, 東京: 東京大學出版會, 1979.

池澤優,「後漢時代の鎭墓文と道敎の上奏文の文章構成-『中國道敎考古』の
　　　檢討を中心に-」, 渡邊義浩(編),『兩漢儒敎の新研究』, 東京: 汲古
　　　書院, 2008, pp.343-427.

土居淑子,『中國古代の畵像石』, 京都: 同朋舍出版, 1986.

坂出祥伸,『道家・道敎の思想とその方術の研究』, 東京: 汲古書院, 2009.

3. URL

大英圖書館 http:/www.bl.uk

敦煌研究院(甘肅省 蘭州市) http://www.dha.ac.cn

瓜州博物館(甘肅省 瓜州縣) http:/www.guazhoumuseum.com

도표출전(圖表出典)

1. 그림

所(編) 1994:51 圖三八]

[그림 15] 「前涼建興九年(321)十月頓盈姜鎭墓文」(一) (模本) (85DQM 208:29.
[甘肅省文物考古硏究所(編) 1994:105 圖七三3])

[그림 16] 「西涼庚子六年(405)正月張輔鎭墓瓶」(一) (80DFM1:32. [敦煌市博物
館(編) 2002:96])

[그림 17] 기가만고묘군출토 연인 (왼쪽 둘–313호묘 출토, 오른쪽 하나
–208호묘 출토. [甘肅省文物考古硏究所(編) 1994:四五 4])

[그림 18] 「年次未詳某人鎭墓文」(一)(模本) (85DQM 301:12. [甘肅省文物
考古硏究所(編) 1994:119 圖八〇 2])

[그림 19] 「年次未詳某人鎭墓瓶」(一) (85DQM 301:12. [甘肅省文物考古硏
究所(編) 1994:119圖版四〇 2])

[그림 20] 「西晉建興二年(314)閏(十)月呂軒女鎭墓文」(一)(模本) (85DQM
319:12. [甘肅省文物考古硏究所(編) 1994:107 圖七四 2]

[그림 21] 「西晉建興二年(314)閏(十)月呂軒女鎭墓瓶」(一) (85DQM 319:12.
[甘肅省文物考古硏究所(編) 1994:107 圖七四 2]

[그림 22] 「北涼神璽二年(398)十一月某人鎭墓文」(二)(模本) (85DQM 310:23.
[甘肅省文物考古硏究所(編) 1994:87 圖六一]

[그림 23] 「北涼神璽二年(398)十一月某人鎭墓瓶」(二) (85DQM 310:23. [甘
肅省文物考古硏究所(編) 1994:圖版二九 3]

[그림 24] 「後漢延熹九年(166)十月韓衕興鎭墓文」(模本) (1993년 山西 臨
猗縣 東張鄕街西村 출토. [王澤慶 1993:3])

[그림 25] 「後漢初平四年(193)十二月王黃母鎭墓文」(模本) (1957년 8월 陝西
西安市 和平文外雁塔路東 第4號墓 출토. [唐金裕 1980:95 圖1])

[그림 26] 「後漢初平四年(193)十二月王黃母鎭墓瓶」(1957년 8월 陝西 西
安市 和平文外雁塔路東 第4號墓 출토. [唐金裕 1980:圖版玖 1])

[그림 27] 「年次未詳(3世紀?)張某鎭墓文」(模本) (93JXM6:1. [甘肅省文物
考古硏究所 1996:16 圖三二])

[그림 28] 「前涼建興十年(322)三月鄧某鎭墓文」(模本) (98M9:1. [甘肅省文
物考古硏究所 2002:11 圖八])

[그림 29] 「北涼綠禾六年(437)正月翟萬隨葬衣物疏」 (63TAM2:1. [唐長孺
(主編) 1992:85])

2. 표